Autrement dit laïque

Du même auteur,
chez le même éditeur

L'Éthique biomédicale en question
Temps juif, lecture laïque (ouvrage collectif du Cercle Gaston-Cremieux)

Philippe Lazar

Autrement dit laïque

Liana Levi

Sommaire

Préambule 9

Première partie. Inquiétudes 11
La montée des communautarismes 13
La menace islamiste 27
L'école fragilisée 39

Deuxième partie. Questions 51
Réprimer ou écouter ? 53
Légiférer ou débattre ? 65
Modifier ou conforter les lois laïques ? 77

Troisième partie. Propositions 85
Élargir la définition de la laïcité 87
Reconnaître la pluralité constitutive du peuple français 95
Proclamer les faits de culture « biens publics patrimoniaux de l'humanité » 103

Remerciements 117

Préambule

La laïcité est en débat récurrent dans notre pays. Les Français ont une forte propension à s'entre-déchirer à son propos. La loi du 9 décembre 1905, *concernant la séparation des Églises et de l'État*, avait réussi, après quelques décennies d'application, à mettre un terme aux affrontements de la fin du XIXe siècle mais la querelle scolaire, qui n'en finit pas de rebondir, en ranime périodiquement d'autres. Toutefois les inquiétudes et les conflits se sont sensiblement déplacés au fil du temps : c'est maintenant l'islam intégriste qui en constitue l'épicentre.

De façon plus générale, la tentation d'un repli communautaire, qui traverse nombre de cultures, ne manque pas d'inquiéter au moment où les structures-piliers de la cohésion nationale sont soit détruites soit affaiblies : hier le service national (ce creuset d'intégration qu'on aurait sans doute mieux fait de transformer en profondeur plutôt que de le supprimer) et aujourd'hui l'école. Même si la gravité de la situation n'a pas atteint le niveau que certains non sans quelque véhémence lui prêtent – la patrie n'est pas encore en danger ! – les incidents constatés sont peut-être prémonitoires de dérives majeures à venir et ils ne sauraient donc laisser indifférent.

Face aux pressions communautaristes et à l'activisme intégriste comment faut-il réagir ? Faire preuve de patience, en comptant sur le temps et la capacité intégrative de notre pays pour apaiser les passions ? Au contraire réprimer sévèrement et sans plus attendre tous les dérapages constatés en demandant au législateur de durcir le contenu des *lois laïques* de la République ?

L'objet de cet essai n'est pas de gommer l'existence de ce conflit d'opinions mais d'en préciser les composantes et la portée. Il est surtout de suggérer quelques pistes susceptibles de permettre de le dépasser. Et cela sans renoncer le moins du monde à défendre la laïcité à l'heure de l'intégration européenne, bien que ce mot ne puisse être directement traduit dans les langues de nos voisins. Mais peut-être le moment est-il précisément venu de lui donner un contenu plus universel que sa classique et seule référence aux cultes – un contenu d'ordre délibérément culturel – et ainsi de pouvoir *dire autrement laïque.*

Première partie

Inquiétudes

Où, dans la panoplie des sources de préoccupation, on en choisit trois qui sont à la fois exemplaires et particulièrement aiguës aujourd'hui.

La montée des communautarismes

> *« Martine Aubry, maire de Lille, a justifié lundi 30 juin 2003 sa décision de réserver l'usage de la piscine de Lille-Sud aux femmes une heure par semaine. Mme Aubry répondait à une question du chef de l'opposition municipale qui contestait "le caractère dérogatoire aux pratiques républicaines d'égalité et de mixité" de cette heure réservée. Selon elle, cette mesure permet à certaines femmes "de s'émanciper". Le quartier de Lille-Sud abrite une importante communauté musulmane. »*
> *(*Le Monde*, 2 juillet 2003)*

Inutile de mettre sa tête dans le sable : la période actuelle est propice aux replis communautaires, et ces processus d'introversion de diverses collectivités humaines ne laissent pas d'inquiéter nombre de nos concitoyens quant au maintien de la cohésion nationale de la France.

Deux modèles fortement contrastés

On désigne le plus souvent, et un peu trop vite, ce phénomène social sous l'appellation globale et ambiguë de *communautarisme*. Dans divers pays cette expression n'a pas la connotation péjorative qu'elle a prise dans le nôtre. Aux États-Unis d'Amérique, il est non seulement admis mais même recommandé de faire état de ses attaches communautaires (de filiation, de culte, et même maintenant de mœurs), sans que cela ne soit perçu comme portant atteinte au respect de la religion civique qui marque profondément le comportement de la plupart des citoyens de ce pays. Cette liberté est placée sous la haute protection du fameux premier amendement à la Constitution américaine : « Le Congrès ne fera aucune loi relativement à l'établissement d'une religion ou en interdisant son libre exercice ; ou restreignant la liberté de parole ou de la presse ; ou le droit du peuple de s'assembler paisiblement et d'adresser des pétitions au gouvernement pour une réparation de ses torts. » Là-bas l'affirmation d'une ou plusieurs appartenances n'est pas considérée comme affaiblissant la communauté nationale : elle est au contraire la base historique et reconnue du *melting pot*, creuset fondateur de l'Union. Cela n'efface pas la dureté des conflits raciaux ou sociaux qu'a connus ce pays. Mais la finalité n'en reste pas moins de dépasser ces luttes par l'affirmation d'une culture collective prenant explicitement appui sur toutes les composantes de la nation américaine.

En France, nous sommes partis sur des bases historiques et culturelles tout autres. La cohésion nationale est née, on le sait, des bouleversements internes successifs qui, depuis la Royauté jusqu'à la République en passant par la Révolution et l'Empire, ont progressivement assuré la domination du pouvoir central – celle de l'État dans sa forme constitutionnelle – sur l'ensemble de la nation. La France est, à ce titre, l'archétype des États-nations. On comprend dès lors les difficultés qu'elle peut éprouver, aujourd'hui, à desserrer un étau forgé par des siècles d'actions cohérentes visant tout au contraire à en accroître la pression. On oublie un peu trop vite que les premières lois de décentralisation n'ont ici que quelque vingt ans d'âge.

On n'a pas pris toute la mesure, par ailleurs, de la signification du refus par notre pays de ratifier, il y a quelques années, la Charte européenne des langues régionales et minoritaires, et de sa décision, parallèle, d'inscrire dans sa Constitution que « la langue de la République est le français ». Comme si nous en étions encore au temps où l'imposition généralisée du français était l'un des indispensables outils de l'unification politique de la nation et comme si cette unité risquait d'être compromise par la reconnaissance de la richesse culturelle que constitue sa diversité linguistique !

Que tout le Sud des États-Unis s'exprime pour une large part en espagnol affaiblit-il le moins du monde la puissance politique et culturelle des USA ? On n'a pas non plus pleinement mesuré en son temps la gravité du refus par le Conseil constitutionnel de valider l'article premier de la loi du 13 mai 1991 (dite loi Joxe) sur la Corse, qui reconnaissait l'existence d'un *peuple corse* en tant que *composante du peuple français*. La raison avancée était que « la Constitution ne reconnaît que le peuple français, composé de tous les citoyens sans distinction d'origine, de race ou de religion ». Les Sages du Palais-Royal avaient notamment argumenté leur décision par référence à un postulat d'*unité* du peuple français soi-disant « énoncé par le Préambule de la Constitution de 1958 ». Or, témoignage éloquent s'il en est du refus de nos institutions d'admettre la pluralité constitutive de la nation, ledit préambule – pas plus que la suite du texte – ne mentionne en aucune façon cette unité ! Et l'on pourrait multiplier à l'envi les exemples de telles réticences ou de tels blocages.

Un islam fortement présent

La France coloniale et post-coloniale, en favorisant au cours du XXe siècle, essentiellement pour des raisons d'ordre économique, l'introduction en métropole d'un nombre important de ressortissants de pays de tradition et souvent de religion musulmanes, s'est fort peu préoccupée des problèmes d'ordre culturel et cultuel que ne manquerait pas d'induire l'existence, sur notre sol, d'une très forte minorité nationale issue de ce vaste mouvement migratoire. Il nous faut maintenant gérer, tant bien que mal et dans l'urgence, des problèmes ainsi trop longtemps laissés en jachère.

Dans la mesure où, contraints par les dispositions de la loi de 1905, nous ne pouvons consentir à financer des lieux de culte musulman (« La République ne reconnaît, ne salarie ni ne subventionne aucun culte »), nous sommes placés devant un dilemme : comment respecter la loi tout en évitant que ce culte, comme c'est trop souvent le cas, ne puisse être pratiqué, faute de moyens, que dans des garages, des caves ou des hangars ? D'où l'idée, quasi consensuelle entre la droite et la gauche gouvernementales, que les pouvoirs publics apportent leur caution à son développement par la constitution d'un Conseil français du culte musulman (CFCM) tout en établissant, à cette occasion, un contrôle étatique sur les sources de financement permettant son exercice effectif. Ce faisant, notre pays a mis la main dans un engrenage dont personne ne peut dire aujourd'hui jusqu'où il nous entraînera : ce Conseil est en effet dès à présent dominé par des organisations dont les projets débordent largement le seul plan cultuel.

L'interférence avec le champ politique (et donc la sphère publique) est là patente. Et ce d'autant que les communautés musulmanes n'ont guère aujourd'hui d'autres modes de reconnaissance, en France, que celui de leur religion. À la question : « N'approuvez-vous pas la volonté du gouvernement de soustraire les musulmans de France à l'influence de puissances étrangères ? » qui lui était posée par *Le Monde* le 15 avril 2003, au moment de la création du CFCM, le cardinal-archevêque de Paris, Mgr Lustiger, répondait : « Je la comprends parfaitement et c'est un but politique tout à fait légitime. Simplement, je fais observer qu'il y a des ambiguïtés possibles. Poser la question de l'immigration maghrébine en la réduisant à celle de l'islam n'est pas exact. D'abord, parce que dix pour cent seulement des musulmans sont pratiquants. Ensuite, parce que cela laisse entier le problème de l'identité arabe dans l'identité française. Le vrai problème est celui de l'apport culturel, disons arabo-maghrébin d'origine islamique, de cette immigration dans la culture française, au même titre que la culture bretonne, basque ou alsacienne. Il ne faut pas les obliger à aller dans les mosquées pour être identifiés ! » Et d'ajouter que cette organisation particulière de l'islam « risque de nourrir le fondamentalisme ».

On joue avec le feu en confiant implicitement à *des* communautés à fondement religieux, de surcroît liées à des organisations étrangères, puissantes et déterminées, la capacité de représenter *de facto* cette entité aux contours flous que serait « la » communauté musulmane de France. Certes, apporter un cadre formel au culte musulman ne constitue pas en soi un encouragement au développement de sa forme extrême qu'est le fondamentalisme islamique. Mais on voit bien, dans les faits, que la nuance est ténue et que l'évolution prévisible dans les années à venir de la composition du CFCM et de sa direction risque fort de faire dériver rapidement l'entreprise dans ce sens redouté (et sans doute effectivement redoutable).

Des institutions juives pesantes

L'islamisme n'est pas la seule forme d'engagement cultuo-culturel qui pose problème dans notre pays. Un risque d'enfermement communautaire – de nature et de gravité différentes, mais néanmoins de repliement – se profile par exemple aujourd'hui s'agissant de « la » communauté juive.

Cette « communauté » n'existe, en fait, pas plus que « la » communauté musulmane. Les Juifs français constituent un ensemble aux contours particulièrement indistincts. Leur histoire est multiple, riche de passés d'une extrême diversité. Certains d'entre eux ne se sont implantés qu'à une date relativement récente dans notre pays, d'autres y ont fait souche depuis des siècles, enfants diversifiés de cette diaspora qui, depuis des millénaires, constitue leur mode privilégié de vie et d'évolution culturelle. Et pourtant ! Le phénomène est relativement récent dans son ampleur, mais tend rapidement à prendre des proportions inquiétantes : il ne se passe pratiquement pas de semaine où l'on n'entende parler des réactions de « cette » communauté comme si elle constituait un bloc homogène. « La communauté juive est inquiète de l'évolution de la situation en Israël... » ; « La communauté juive redoute la montée en France de l'antisémitisme... » ; la communauté juive par-ci, la communauté juive par-là... Et ladite communauté est bien sûr censée s'exprimer, en l'occurrence, par le canal de ses « représentants » : le Consistoire central, mais bien plus encore, aujourd'hui, le Conseil représentatif des institutions juives de France (CRIF), *de facto* reconnu par les pouvoirs publics comme « son » porte-parole autorisé.

Cette pseudo-représentation mais plus encore le poids que lui accordent les pouvoirs publics sont inquiétants au regard, précisément, du risque ici évoqué de « communautarisation » des cultures et des communautés humaines qui les portent. S'il est en effet parfaitement légitime que des Juifs puissent constituer *des* communautés, religieuses ou culturelles, et s'il ne l'est pas moins que celles-ci décident, le cas échéant, de se fédérer, il devient hautement problématique de conférer à ces communautés organisées ou à leurs instances fédératives des gages de représentativité *générale* qui, du même coup, *donnent corps* à la communauté *virtuelle* dont elles sont issues. Ainsi la présence rituelle du Premier ministre (quelle que soit sa couleur politique) au dîner annuel du CRIF, l'occasion qu'elle lui fournit d'entendre le discours de *la* communauté juive et de s'adresser à *elle* par cet intermédiaire constituent-elles un sérieux encouragement à ce que l'on prétend vouloir éviter : l'émergence d'un authentique communautarisme juif.

De surcroît, cette institutionnalisation du judaïsme se développe, elle aussi, en liaison privilégiée avec un État étranger, en l'occurrence l'État d'Israël. Il ne s'agit pas, en le soulignant, d'engager ici une polémique sur la politique actuelle de cet État ni d'interdire à des Juifs, comme certains d'entre eux se plaisent à le répéter, « d'aimer du même amour leur père et leur mère » (!). Il s'agit simplement de dire que les pouvoirs publics français ne devraient pas se prêter à ce jeu. Par leur attitude pour le moins ambiguë, ils compromettent la liberté d'un très grand nombre de Juifs de refuser une assimilation forcée à une entité dont ils récusent qu'elle puisse s'exprimer en leur nom et dont ils considèrent de surcroît que les prises de position risquent de déstabiliser leur *intégration* réussie dans la République, fruit de tant de siècles d'efforts jusqu'à ce jour couronnés de succès malgré les crises et les malheurs du siècle passé.

La Corse, la Bretagne, le Pays basque

Revenons à la question corse, la plus aiguë aujourd'hui de celles que posent les cultures à enracinement régional. L'adoption de l'article premier de la loi Joxe eût sans nul doute entraîné des demandes reconventionnelles des autres cultures territoriales. Eût-ce été un drame ? Certains naturellement le pensent, et l'on ne peut ignorer leurs arguments, respectables, au premier rang desquels le suivant : notre pays, en se reconnaissant composé de peuples divers, risquait de perdre une unité si chèrement gagnée au fil de siècles. Peut-être, mais pour ceux des Corses, des

Bretons, des Basques (et l'on pourrait ajouter : des Alsaciens, des Guadeloupéens, des Occitans, etc.), qui sont profondément convaincus de l'existence historique et culturelle des divers peuples « composantes » du peuple français sans pour autant renoncer à leur francité, il n'est désormais d'autre issue républicaine que de se réfugier dans une vision nostalgique, rentrée, voire refoulée de leur passé, de leurs racines culturelles.

Pouvait-on, à ce propos, commettre une erreur stratégique plus grave que celle consistant, lors du référendum de juillet 2003, à réduire la problématique corse à une question purement territoriale ? Comment a-t-on pu ne pas comprendre que, ce faisant, on écartait délibérément de la réflexion et des processus décisionnels tous ceux qui, de près ou de loin, se sentent concernés par l'avenir du peuple corse *dans la République*, et cela qu'ils soient ou non corses, qu'ils aient ou non leur domiciliation électorale en Corse ? Seuls les partisans de l'indépendance de l'île pouvaient vraiment trouver leur compte dans cette consultation, et il n'est pas étonnant qu'ils aient décidé, eux, d'en approuver l'objet. Mais les autres, tous les autres, ne pouvaient que se sentir piégés par cette procédure complètement décalée par rapport à leurs aspirations explicites ou même seulement diffuses. En fait, cette malencontreuse opération, quel que soit son résultat, ne pouvait, paradoxalement, que contribuer à l'intensification du *communautarisme corse*, alors même que ce n'était pas vraiment son objectif !

Évoquons aussi d'un mot la Bretagne et le drame qui s'y est déroulé il y a quelques années : une jeune femme y était morte des suites d'un attentat commis par des nationalistes bretons contre un restaurant McDonald's (déjà !). Une manifestation de protestation avait été organisée le jour des obsèques à Rennes, à laquelle participait une foule immense, recueillie et consternée. On pouvait néanmoins entendre certains des manifestants, venus là pour dire leur horreur de cette violence, leur réprobation absolue de cet acte indigne, avouer en même temps... en « comprendre » les mobiles !

Que reste-t-il aujourd'hui aux Bretons à qui l'on a fini par refuser d'accorder jusqu'à quelques écoles Diwan, aux Corses dont on veut ignorer l'existence en tant que peuple, aux Occitans dont on occulte le brillant passé culturel et la langue, aux Basques qui ont les yeux fixés sur la frontière qui les sépare de leurs frères d'outre-Pyrénées, etc. ? De se plier à la loi commune d'une France prétendument une (ce que feront, avec discipline mais non sans quelque amertume, l'immense majorité d'entre eux) ou de se réfugier, le cas échéant secrètement, dans le mythe d'une possible reconstruction, un jour, d'entités autonomes, enfin reconnues en tant que telles ? Ceux-ci aussi auront été poussés, délibérément, dans le camp du communautarisme. Est-ce vraiment la meilleure solution possible ? Est-ce la seule ? Ne serait-il pas plus sage de donner sa place, toute sa place mais seulement sa place, à une reconnaissance officielle du caractère multiculturel de la communauté nationale ?

La menace islamiste

*« L'explosion d'une voiture piégée a fait quelque 14 morts et 150 blessés dans un des hôtels des mieux protégés de la capitale indonésienne. Les soupçons se portent sur la Jemaah Islamiyah, réseau terroriste régional lié à Al-Qaida et responsable des attentats de Bali en octobre 2002 (qui avaient fait plus 202 morts). » (*Le Monde*, 7 août 2003)*

« Ils prônent le jihad, annoncent le retour du califat, réclament l'instauration de la charia, appellent au renversement des régimes arabes impies… Oulémas confirmés ou prédicateurs autodidactes, leaders politiques et religieux, ils n'habitent pas Khartoum, Riyad ou Peshawar, mais Londres, capitale de la Grande-Bretagne, et, depuis près d'une décennie, principale base arrière de l'islamisme radical. » (Christophe Boltanski, Libération, *9 juillet 2003)*

Dans nombre de pays du Proche et du Moyen-Orient, de l'Asie du Sud ou encore du continent africain, l'emprise religieuse et l'influence politique des mouvements islamistes ne cessent de croître, et cela même si le pouvoir d'État ne leur appartient formellement (comme en Iran) que de façon encore exceptionnelle. Elles sont alimentées par l'exaltation de la haine du *Grand Satan* que sont, opportunément, les États-Unis d'Amérique. Outre que ceux-ci représentent, pour les tenants d'un islam offensif, l'archétype du contre-modèle de société, la lourde influence des USA dans nombre des pays concernés ne peut qu'en faire la cible préférentielle des *combattants d'Allah*. Les pouvoirs politiques nationaux s'efforcent quant à eux de gérer tant bien que mal les pressions dont ils sont ainsi l'objet, soit en pactisant avec leurs auteurs, soit en tentant de s'opposer, le cas échéant avec violence, aux plus extrémistes d'entre eux tout en accentuant parallèlement l'islamisation de fait de leur pays. L'Arabie Saoudite en est le plus parfait exemple, mais il est loin d'être le seul.

Dans ce contexte, la mise en évidence, avec une insistance lancinante, des « perversions » occidentales ne peut évidemment que favoriser, en particulier parmi les plus démunis, la quête d'une certaine forme d'absolu. Pour tous ceux qui ne sont pas susceptibles d'accéder à un réel partage des richesses, la vie reprend un sens dès lors qu'ils décident de la consacrer à la quête d'un idéal d'une nature radicalement différente. Et l'on comprend même que cette forme d'engagement puisse aller, dans des cas extrêmes, jusqu'au sacrifice suprême, présenté comme une forme d'accès direct à la félicité éternelle dans un *autre* monde !

Allons-nous dès lors, de façon quasi irréversible, vers un affrontement majeur entre le pouvoir ostentatoire de l'argent d'une part et, de l'autre, celui d'idéologies religieuses oppressives – au premier rang desquelles la version conquérante de l'islam ?

La montée des périls

Nous avons assisté, avec la deuxième guerre d'Irak, à une forme de réponse à la question posée. L'ahurissant prétexte de la recherche des « armes de destruction massive » qu'aurait amassées le régime honni de Saddam Hussein masquait difficilement les objectifs de la conquête par les armes de son pays : s'emparer de ses ressources pétrolières et l'asservir à la puissance économique américaine sans doute, mais aussi en faire un modèle de démocratie *à l'occidentale* pour le Proche-Orient. En jouant avec le feu (au sens propre comme au figuré), il s'agissait de substituer, par la force, un régime mimétique de celui des nations occidentales à la pseudo-laïcité du système de pouvoir tyrannique irakien, en prévention de sa dérive annoncée vers la constitution d'un nouvel et puissant État islamique dans cette région agitée du monde. On peut douter de la réussite, à moyen ou long terme, de cette extravagante entreprise dont on voit bien les énormes difficultés auxquelles elle se heurte, mais on ne peut hésiter sur ses motivations. Or est-ce bien là une façon de résoudre le problème de la coexistence de peuples aux niveaux de vie aussi différents ? Au-delà des interrogations d'ordre moral que suscite l'utilisation sans vergogne de la loi du plus fort – et cela même si l'on se réjouit de la disparition d'un tyran sanguinaire – on ne peut que s'interroger sur les répercussions de tous ordres qu'entraînera, dans les années à venir, cette action « préventive » sans précédent dans les annales des *États de droit*.

La France en alerte

Notre propre pays est lui-même confronté de nos jours à un problème majeur : la montée interne d'un engagement islamique susceptible de remettre en cause la cohésion nationale. Cette inquiétude est fondée en partie sur des réflexes dictés par la peur de l'autre mais aussi sur des faits difficilement contestables : certains animateurs de la mouvance intégriste de l'islam ne dissimulent pas ou à peine leurs intentions de conquête, des esprits d'abord, et sans doute, ultérieurement, d'un authentique pouvoir susceptible d'aboutir à une islamisation généralisée du monde occidental.

Ce type de comportement idéologique n'est pas franchement nouveau. L'histoire en a connu d'autres, ne serait-ce que celui qui, dans un passé certes révolu mais pas si lointain, animait l'Église catholique dans son projet explicite d'évangélisation généralisée de la planète. Une passion dont les derniers soubresauts de quelque ampleur, dans notre propre pays, ne datent que d'un peu plus d'un siècle et ont conduit à l'adoption des lois relatives à la gestion des cultes et, plus spécifiquement, à la promulgation de la loi de 1905 – une loi qui, sous son libellé général, visait d'abord à interdire le maintien de la dominance de l'Église catholique sur la société civile et politique française.

Face à ce qu'ils estiment être un réel péril, certains rêvent de rééditer, en l'adaptant, l'opération-vérité du début du XXe siècle. Oui mais voilà : la situation présente n'a que de lointains rapports avec celle d'alors ! Le *flash-back* évoqué et la tentation d'en surinterpréter le caractère analogique trouvent là leurs limites. Le catholicisme culturel et cultuel était, à la fin du XIXe siècle, dominant en France, et sa pression sur l'État impérieuse. L'islam est aujourd'hui fortement minoritaire dans notre pays, et l'islamisme de combat demeure pour le moment, quant à lui, ultra-minoritaire. Est-on dès lors autorisé à agir comme si tel n'était pas le cas ? Peut-on brandir la menace « d'armes de destruction idéologique massives » que l'islamisme aurait en sa possession pour se lancer dans une guerre « préventive » à son égard ? Cette stratégie est-elle légitime et, en outre, la seule ou la meilleure possible ?

La dramatisation de l'affaire du foulard

Dans ce contexte à bien des égards passionnel, l'affaire dite du foulard islamique a pris une tournure disproportionnée. Elle éclate, on s'en souvient, en octobre 1989. Trois jeunes musulmanes se voient interdire, à Creil, l'entrée de leur collège au prétexte qu'elles ne veulent pas venir en classe non voilées. L'opinion se saisit de ce conflit. De vives protestations sont émises contre cette mesure jugée inutilement discriminatoire, entraînant de non moins vives réactions en retour. Le pays s'enflamme. Certains n'hésitent pas alors à aller jusqu'à déclarer la République en danger… Une telle effervescence prêterait plutôt à sourire si l'on prenait le soin de jeter un coup d'œil au-delà de nos frontières, dans les pays voisins, où personne ne songerait même à se poser des questions sur un pareil non-événement. Mais la France est la France, elle est le seul pays européen, ou presque, à avoir une réelle tradition laïque, à disposer même du mot (l'expression « équivalente » anglaise – *secular* – n'a pas exactement la même signification). Elle a conservé de son passé la mémoire des luttes historiques contre l'emprise de l'Église catholique sur la vie publique en général et sur l'école en particulier. Elle ne saurait tolérer quelque forme que ce soit d'atteinte à cette précieuse conquête que représente la séparation formelle des Églises et de l'État. De surcroît, ajoutent non sans raison les opposants farouches au port du voile, ce foulard n'est-il pas l'expression intolérable d'une volonté d'abaissement, de soumission des femmes ? Comment notre pays pourrait-il se faire complice d'une telle régression culturelle, politique et sociale ?

Le Conseil d'État est rapidement saisi, non pour régler à lui seul le problème, mais, en conformité avec sa fonction, pour interpréter le droit (les lois et règlements en vigueur) aux fins d'éclairer la nation et les pouvoirs publics sur la meilleure façon de gérer les incidents de cette nature. Il rend un arrêt mesuré, dès le mois de novembre 1989, selon lequel *le port, par les élèves, de signes par lesquels ils entendent manifester leur appartenance à une religion n'est pas par lui-même incompatible avec la laïcité dès lors qu'il n'est pas accompagné d'actes de prosélytisme.* On peut espérer que cet avis apaise les passions. Las, il n'en est rien. Cette haute instance est elle-même stigmatisée, accusée de laxisme, voire d'abus de pouvoir. Il faudra attendre la nomination d'une médiatrice, en la personne de Hanifa Chérifi, pour réduire sensiblement la fréquence des conflits ouverts (elle tombe à environ cent cinquante cas en période d'étiage) sans toutefois pouvoir éviter des pics de résurgence, concomitants des moments où l'attention publique, mobilisée par quelque activiste de la guerre au foulard, se porte à nouveau sur l'un d'eux.

Le voile, la kippa et la croix

Conscients du fait que de polariser l'attention sur le seul foulard islamique ne peut manquer d'introduire une ambiguïté sur les objectifs poursuivis, certains de nos concitoyens estiment aujourd'hui indispensable d'étendre à tous les signes d'identification religieuse les mesures d'interdiction qu'ils préconisent. Cette attitude ne manque pas de logique. Pourquoi tolérer que de jeunes catholiques portent une croix accrochée à leur cou et de jeunes Juifs une kippa sur la tête si l'on interdit aux jeunes musulmanes de se la recouvrir d'un voile ? Il ne manque pourtant pas de bons esprits pour souligner qu'on ne peut en aucune manière comparer les divers couvre-chefs. Ainsi Élisabeth Badinter déclare-t-elle à *Libération* le 23 avril 2003 que « bien sûr, la kippa, contrairement au voile, n'exprime pas la soumission d'un sexe ». À quoi le grand rabbin

Joseph Sitruk ajoute, s'adressant au *Monde* le 16 mai 2003, que « la kippa est un signe infiniment plus discret que le foulard et, à ce titre, ne peut lui être assimilée ».

Or le port du voile est un signe d'identité clairement *revendiqué* par *certaines* jeunes filles de confession ou de culture musulmane, on ne peut faire mine de l'ignorer. C'est en même temps et incontestablement, pour celles-ci comme pour celles qui y sont contraintes, un acte de soumission à une logique d'enfermement au sein d'une pratique à connotation intégriste. Si l'objectif réellement poursuivi par la société est d'en contrer le développement parce que contraire à la représentation que nous nous faisons des valeurs républicaines, on doit s'interroger sur la meilleure façon d'y parvenir. On ne peut en tout cas se contenter de court-circuiter la difficulté en ne se mobilisant que contre le seul port du voile *à l'école*. De surcroît, l'exclusion de ces jeunes filles de l'école publique constitue, en soi, un acte de discrimination lui-même sexiste puisque les garçons en sont, par nature, protégés. À moins que l'on ne rétablisse l'équilibre en renvoyant chez eux les jeunes musulmans s'ils ne consentent pas à raser leur collier de barbe naissante avant d'entrer le matin en classe ! Cette remarque n'a en fait rien d'une boutade puisque ce « signe » est de plus en plus souvent affiché par ces jeunes gens en tant que mode d'affirmation de leur identité et de leur engagement religieux...

Chausse-trappes

L'attitude à adopter ne saurait pour autant relever de l'angélisme. Des liens étroits, explicites et inquiétants existent entre l'islam « national » et le réseau mondial des forces islamistes fortement engagées dans le « combat » évoqué. On a pu en prendre la mesure dès la constitution du Conseil français du culte musulman, et le problème de l'expression des musulmans en France ne peut être sérieusement posé en faisant l'impasse sur l'existence et les ambitions supposées ou avérées des réseaux internationaux auxquels ils appartiennent.

La réflexion devrait se poursuivre dans deux directions. La première a trait à l'évolution de nos liens et de notre dialogue avec les pays ainsi « associés » au nôtre. Ce pourrait être l'un des rôles de la Mission interministérielle sur les migrations et le codéveloppement, créée il y a quelques années, que d'y veiller. Encore faudrait-il pour cela que la volonté politique d'en utiliser les compétences se manifeste réellement. La seconde est relative à notre intégration dans l'espace européen. Et là, nous sommes intensément impliqués à divers titres. D'abord parce que, *volens nolens*, l'Europe est notre avenir et que nous ne pouvons nous contenter de débattre entre Français, conformément aux seules spécificités de notre histoire, de nos lois et de nos pratiques, de questions qui interpellent l'ensemble des pays-membres de l'Union et de ceux qui vont la rejoindre prochainement. Ensuite parce que nous ne pouvons oublier que, dans ce cadre, nous sommes signataires de textes supranationaux qui nous engagent et que rien ne serait pire que de perdre, devant des instances juridictionnelles européennes, un procès qui nous serait intenté – fût-ce avec de malveillantes arrière-pensées – par des institutions étrangères maîtrisant parfaitement les rouages administratifs et judiciaires de la Communauté. Si une loi, une fois promulguée dans notre pays, était ainsi jugée incompatible avec les textes communautaires, le soi-disant remède pourrait à l'évidence se révéler bien pire que le mal.

Il n'est peut-être pas indispensable de nous précipiter, tête baissée, vers les pièges qui nous sont tendus.

L'école fragilisée

> *« L'épreuve de philosophie au lycée Colbert, dans le dixième arrondissement de Paris, a bien failli tourner à la guerre de religion. Le 12 juin 2003 au matin, une vingtaine d'élèves venus des écoles privées juives Beit Hanna et Sinaï se sont présentés comme d'autres à l'entrée de cet établissement, devenu centre d'examen. Ils portaient tous une kippa sur la tête. Immédiatement, la proviseure leur a demandé de l'enlever. "D'un ton agressif", affirme la mère d'un élève. » (*Le Monde, *1er juillet 2003)*

L'école de la République n'est plus ce qu'elle était. La qualité de ses enseignants n'est pas en cause, non plus que celle de ses élèves. Son malaise est néanmoins patent, quel que soit l'angle sous lequel on examine cette institution.

Glissements sémantiques

Que les instituteurs aient cru devoir troquer leur beau nom pour celui, bien plus banal, de *professeurs des écoles* témoigne en soi de l'existence, à leur niveau, de ce malaise. Ce changement d'appellation intervient pratiquement au moment où les professeurs des universités, choisissent, eux, de se faire dénommer *enseignants-chercheurs*. Deux glissements sémantiques qui traduisent bien le sentiment de ces deux corps enseignants de ne pas être reconnus à leur juste valeur au travers du simple exercice de leurs fonctions, certes « classiques » mais fondatrices de leur légitimité sociale ; de part et d'autre, la volonté d'en dépasser, ne serait-ce que dans les apparences, les limites perçues. *Paraître*, justement : un mot-clé désormais dans une société qui a quelque peu perdu ses repères traditionnels au profit de l'importance de l'*image* qu'a la collectivité du rôle de chacun de ses acteurs.

On retrouve le même type de doutes au collège et au lycée qu'à l'école primaire. Les problèmes y sont sans doute un peu plus graves encore et donc plus difficiles à gérer. À ce niveau en effet, les enseignants ont affaire à des élèves pré-adolescents ou adolescents qui ne ressemblent plus guère à ceux des générations antérieures. Ils ont aussi à faire face à des parents ou bien trop présents – inquiets qu'ils sont du devenir de leur progéniture dans une société prête à en rejeter bon nombre dans les affres d'un chômage précoce – ou bien trop absents – ayant pratiquement démissionné de leur rôle d'encadrement. Les enseignants ne peuvent donc que s'interroger sur la nature de leurs responsabilités effectives et sur la façon, désormais, de les exercer. Ils ne se sentent guère soutenus dans cette quête, soupçonnés qu'ils sont de refuser toute réelle évolution pour des raisons corporatistes, et cela même par les responsables politiques auxquels ils auraient spontanément tendance, dans le prolongement des traditions historiques et culturelles de ce pays, à faire le plus confiance.

À cette crise identitaire s'ajoute aujourd'hui – ce qui l'alourdit singulièrement – le sentiment d'une remise en question des fondements laïques de l'école publique de la République. Si marginale qu'elle demeure pour le moment, quantitativement parlant, cette pression est perçue par beaucoup comme de nature à entraîner une dégradation rapide de l'héritage valeureux du siècle passé, et l'on comprend que cette inquiétude – pour ne pas dire cette angoisse – puisse conduire à des excès de réaction susceptibles, fût-ce avec les meilleures intentions du monde, d'aggraver encore une situation déjà fort préoccupante.

Nostalgie

Pour nombre de nos concitoyens, le mot laïcité évoque d'abord l'école primaire. L'école *laïque* – « la laïque » – au sein de laquelle nous avons été formés en grande majorité. Ceux qui sont passés sur ses bancs en ont gardé un souvenir le plus souvent ému et reconnaissant ; ceux pour qui ce passage est aujourd'hui relativement ancien n'ont pas oublié les cours d'*instruction civique et morale* qui, à côté du français, du calcul, de l'histoire, de la géographie et de la leçon de choses, contribuaient à forger les jeunes esprits dans une certaine vision de la République. Ceux qui sont nés hors du territoire national ou ceux qui, par choix parental, ont fait leurs études dans d'autres établissements en ont une représentation possiblement différente. Mais beaucoup lui reconnaissent néanmoins une valeur intrinsèque : celle d'une école ouverte à tous, *sans distinction d'origine, de race ou de religion,* dans la ligne de ce qu'exprime avec une naïveté de bon aloi la Constitution et en parfaite conformité avec l'idéal républicain.

On peut dès lors comprendre que naguère, face à ce qu'ils percevaient comme des risques graves de détérioration des missions de l'école, certains se soient laissé envahir par cette vision idéalisée et que, emportés par leur élan (et parfois aussi, il faut le dire, par une idéologie empreinte d'une bonne dose de sectarisme), ils aient voulu, bon gré mal gré, la faire partager par tous. Comment interpréter autrement le dernier avatar de cette passion républicaine, le projet des années 1980 d'un *grand service public unifié et laïque de l'éducation nationale*, le fameux GSPULEN, qui mit rapidement un à deux millions d'opposants dans la rue, entraîna, en 1984, la chute du ministre de l'Éducation nationale Alain Savary et ébranla gravement le gouvernement d'alors? Il fallut toute l'habileté des mesures « simples et pratiques » du nouveau ministre-pompier, Jean-Pierre Chevènement, pour éteindre l'incendie, ramener le calme... et garantir un quasi-*statu quo* de l'organisation – publique et privée – des enseignements.

Assimilation ou intégration ?

L'intrusion plus récente, dans ce contexte déjà troublé, des revendications spécifiques de certains milieux musulmans religieux ne pouvait que renforcer les inquiétudes et les réactions de défense. Depuis que les trois jeunes filles de Creil, il y a quelques années, sont venues au collège, un beau matin, la tête ceinte d'un foulard islamique, l'institution scolaire n'en finit pas de bruisser à ce propos. Beaucoup de nos concitoyens partagent à coup sûr les préoccupations des enseignants en la matière. Moins nombreux sont ceux à estimer, sur cette base, que les fondements mêmes de la République sont menacés, mais cela ne signifie pas qu'ils soient, pour autant, partisans d'un simple laisser-faire.

Comment trouver une marge de manœuvre

entre la totale passivité et l'exclusion de l'école publique – c'est-à-dire le renvoi pur et simple des récalcitrantes dans leur milieu islamisant ? Agir d'abord dans l'intérêt de ces jeunes filles devrait être dans la logique même des farouches opposants au voile et pourtant ils ne semblent pas toujours s'en préoccuper, ou en tout cas considérer que cette préoccupation serait prioritaire. Ils parlent volontiers, et à juste titre, de la vertu émancipatrice de l'école publique mais semblent préférer, dans ce cas critique, que l'émancipation se fasse *ailleurs* – spontanément sans doute ? Or est-il vraiment conforme à l'esprit des lois de la République de fermer les yeux pour ne pas voir les difficultés que pose parfois leur application ? Casser le thermomètre n'a jamais été d'une remarquable efficacité pour réduire la température d'un malade.

Certains pourraient être tentés par la solution de facilité consistant à ne traiter dans le cadre de la sphère publique que les dimensions socio-économiques voire culturelles du problème (l'intégration), en renvoyant purement et simplement à la sphère privée tout ce qui concerne les cultes. Avec cette dichotomie simplificatrice, pas de foulard à l'école ! Et que la loi impose au plus vite cette règle absolue ! Mais rien n'est simple... Les cultures chrétienne et juive, pour ne parler que d'elles, sont, comme la culture musulmane, étroitement imbriquées dans un passé et un présent à connotations cultuelles. Les « signes » d'appartenance cultuelle sont *aussi*, dans ces conditions, des signes d'identification de l'ordre du culturel. Combien de jeunes filles catholiques porteuses d'une « petite croix » sont-elles effectivement pratiquantes ? Combien de jeunes filles juives porteuses d'une chaînette ornée d'une étoile de David vont-elles régulièrement à la synagogue ? Un foulard est certes plus voyant que ne le serait un petit croissant porté en pendentif... Mais où est la limite ? Le voile islamique a-t-il franchi la ligne rouge ? Certains, en toute bonne foi, le pensent. D'autres estiment – sans pour autant en prôner le port ! – qu'on en fait quand même un peu trop à son sujet...

L'intégration de l'islam dans la République pose incontestablement de vrais problèmes de fond, dans un contexte international préoccupant, et l'on ne peut faire l'économie de les traiter en tant que tels. Faut-il pour autant confondre la partie et le tout et gérer la question du foulard à l'école comme s'il ne s'agissait que d'une provocation calculée, de tester en quelque sorte une capacité de réaction ?

Il y a un peu plus d'un siècle, la France s'interrogeait sur la légitimité de la présence à l'école d'un autre *signe*, incontestablement d'ordre cultuel : celle du Christ en croix... Fallait-il, sans autre forme de procès, décrocher les crucifix en application directe de la loi qui venait d'être votée, en l'occurrence la loi du 28 mars 1882, qui porte sur l'instruction obligatoire pour les garçons et les filles, l'introduction formelle dans les programmes de l'instruction civique et morale, l'absence de cours un jour par semaine pour faciliter le suivi d'une instruction religieuse en dehors de l'école, l'abrogation des dispositions de la loi Falloux donnant aux ministres des cultes un droit d'inspection, de surveillance et de direction ? Ardent promoteur de la laïcité, Ferdinand Buisson écrit alors dans une circulaire ministérielle[1] : « Cela dépend du vœu des populations. » Si les crucifix peuvent être ôtés, il convient de le faire « avec respect, pendant les vacances scolaires, en évitant tout incident et de porter le trouble dans les familles ou dans les écoles ». Il ajoute enfin, et l'on devrait aujourd'hui méditer cette phrase : « La loi [de 1882] n'est pas une loi de combat mais une de ces grandes lois organiques destinées à vivre avec le pays, à entrer dans les mœurs. »

Peut-on espérer une égale sagesse aujourd'hui, en laissant au temps un peu de temps pour permettre une évolution « sans incidents et qui ne porte pas le trouble dans les familles ou dans les

1. Jean Baubérot, *Histoire de la laïcité française*, « Que sais-je ? », PUF, Paris, 2000, p. 56.

écoles » ? Faut-il au contraire brandir à nouveau l'étendard d'une « laïcité de combat contre l'ennemi » ? N'est-ce pas ce que suggère entre les lignes le Comité économique, social et culturel du parti socialiste dans sa brochure de juin 2003 intitulée *De nouveaux défis pour la laïcité ?* lorsqu'il écrit : « La laïcité est un combat permanent. N'avoir à l'esprit que les images de l'adversaire d'hier conduit à se tromper d'ennemi » ?

L'école à la carte

L'arbre ne doit pas cacher la forêt. La véritable difficulté à laquelle sont aujourd'hui confrontés les établissements publics d'enseignement est l'exigence de certains élèves de ne pas assister à certains cours ou de ne pas participer à certaines activités, soit parce que jugés par leurs parents ou par eux-mêmes incompatibles avec leurs engagements religieux, du fait de leur nature (éducation physique, sciences naturelles…) ou de leur localisation dans la semaine (les jours traditionnellement consacrés au culte : le vendredi ou le samedi…). Cette exigence se double parfois de manifestations intempestives contre la teneur même de certains enseignements, perçus comme par trop engagés idéologiquement (l'histoire des idées, le génocide hitlérien, la guerre d'Algérie…).

C'est à ce niveau – celui du contenu des programmes et des enseignements – bien plus qu'à celui de la tenue vestimentaire ou de la gestion de l'appareil pileux que doivent s'exprimer sans concession les exigences républicaines. À moins que l'on ne révise radicalement l'organisation même de l'école, qu'on y introduise des options, bref qu'on substitue au *menu* commun à tous une *carte* autorisant des choix ! Mais, fort heureusement, il ne semble pas que le pays soit prêt à cette révolution conceptuelle, qui ne doit comporter aujourd'hui que bien peu d'adeptes !

Résister à la tentation

La liberté est un droit de l'homme, et elle n'est limitée que par les entraves qu'elle pourrait entraîner vis-à-vis d'autrui. Cette règle d'or devrait être au cœur des réflexions sur le devenir de l'école. Son application à ce secteur essentiel de l'intégration des jeunes citoyens dans l'espace social ne peut ignorer la nécessité de les protéger contre les pressions qu'ils peuvent subir de la part de leur milieu et qu'ils peuvent, parfois, être conduits à relayer eux-mêmes. Sage précepte qui pourrait, dira-t-on, tout aussi bien s'appliquer au port du voile en milieu scolaire ! Certes, mais tout est question de mesure et d'esprit de finesse. S'opposer à toute manifestation d'apparence cultuelle mais qui a incontestablement une connotation culturelle n'est sans doute pas la meilleure façon d'engager le dialogue sur les questions centrales que l'on ne peut ni ne veut éluder : il faut prendre garde à ne pas rejeter tout en bloc si l'on veut garder une marge de négociation.

La position de rejet pur et simple est sans bavure. Vous ne voulez pas accepter toutes les règles de notre école ? Eh bien, allez ailleurs ! Parfait. Mais est-ce vraiment la meilleure façon de contrer les risques d'enfermement communautariste des jeunes qu'on prétend ainsi protéger ? Poser la question est, d'une certaine façon, y répondre.

Deuxième partie

Questions

Où l'on s'interroge sur les modalités optimales d'intervention pour répondre aux inquiétudes : réprimer ou écouter, légiférer ou débattre, refondre les « lois laïques » existantes ou prendre résolument appui sur elles ?

Réprimer ou écouter ?

Confrontée à des violences, une démocratie peut avoir la tentation d'y répondre elle-même par la violence, voire d'exercer des violences préventives. Nous avons déjà connu des situations extrêmes de cette nature, au cours de la période de décolonisation par exemple. La France a alors mené des guerres dures, elle a beaucoup tué au cours de ces conflits (en subissant elle-même de lourdes pertes humaines), elle a même, ne l'oublions pas trop vite, institutionnalisé temporairement la torture, certains de ses soldats les plus valeureux voire de ses hommes politiques allant jusqu'à trouver à cette barbarie des justifications d'ordre éthique !

La situation présente, si préoccupante qu'elle soit, est fort heureusement incomparablement moins grave et le réflexe démocratique doit pleinement jouer pour nous éviter de regrettables dérives répressives. Au demeurant, à agir contre ses adversaires (ou ses ennemis) en utilisant des moyens autres que ceux qui sont intrinsèquement les siens, une démocratie se met en contradiction avec elle-même. Elle y perd son âme ou, disons de façon moins transcendante, sa raison d'être.

Il ne s'agit pas pour autant de réfuter la force comme moyen d'action dans des situations de crise. Aucun État ne peut se passer de réprimer les actes manifestement contraires à ses lois ou à ses pratiques sociales consensuelles : il dispose, en toute légitimité, des moyens de répression régaliens que sont la police, la justice et l'armée, et il a le devoir de les utiliser lorsque n'existe aucune autre voie de recours. Mais ce qui fait la cohésion d'un État démocratique, pris dans sa globalité, n'est pas tant la peur du gendarme que l'adhésion de ses citoyens au pacte social et politique qui les lie. Les contraintes que, dans leur ensemble, les citoyens sont conduits à s'imposer à eux-mêmes – ce qu'Althusser appelait *l'appareil idéologique d'État*[2] – sont d'une efficacité bien plus grande que celles qui peuvent résulter de l'utilisation, lorsque cela devient indispensable, de l'appareil de répression étatique.

Rappeler ces vérités premières s'impose à un moment de notre histoire où nombre de nos concitoyens peuvent avoir le sentiment que leur société est en train de leur échapper au profit d'un nouvel ordre dont ils distinguent encore mal les contours.

---

2. Louis Althusser, *Idéologie et appareils idéologiques d'État,* La pensée, Paris, 1970.

Tout naturellement, ils ont dès lors tendance à vouloir se défendre contre ce qu'ils interprètent comme d'insupportables agressions, sans trop essayer de faire la part entre ce que l'on peut tolérer et ce qui est franchement inacceptable. Et à ce jeu – la peur n'étant jamais bonne conseillère – les rejets ont toutes raisons de l'emporter largement sur la tolérance.

Français à part entière ?

La France de ce début du XXIe siècle ne ressemble plus guère à celle qu'ont connue les plus anciens d'entre nous. Y cohabitent désormais un nombre considérable de peuples différents, dont les ressortissants, ayant ou non acquis la nationalité française, sont souvent de venue récente. Ainsi la Seine-Saint-Denis a-t-elle dénombré parmi ses habitants plus de cent cinquante nationalités d'origines différentes et quarante-sept pour cent des accouchements pratiqués dans ce département concernent des femmes issues de l'immigration. Certains de ces peuples font peu parler d'eux, c'est le cas en particulier de ceux qui sont en provenance de l'Asie du Sud-Est. Discrets, ils n'en sont pas moins présents, et partie prenante de notre avenir. D'autres, comme ceux que l'on désigne globalement par l'appellation simplificatrice de populations « musulmanes », sont aujourd'hui presque en permanence sous les feux de l'actualité, sans que l'on ait toujours bien conscience du fait que seule une petite minorité de leurs membres est à l'origine de cette attention particulière.

Tous les ressortissants de ces peuples, même lorsqu'ils ont formellement la nationalité française, ont-ils vraiment de bonnes raisons de se sentir français à part entière, d'être reconnus et respectés en tant que tels ? Et, si ce n'est pas le cas, comment pourraient-ils être réellement sensibles à la pression ci-dessus évoquée de « l'appareil idéologique d'État » ? Si l'on peut attendre de citoyens qu'ils se comportent pleinement en tant que tels, le minimum n'est-il pas de rappeler qu'en démocratie le pouvoir appartient « au peuple souverain », dont nombre d'entre eux font désormais formellement partie, ce qui implique qu'on prenne effectivement en compte *leur* parole ?

Or leur parole n'a aucune raison d'être la même que celle de citoyens dont les ancêtres vivaient depuis des générations dans l'espace France. Un célèbre commentateur politique disait récemment en substance, dans une émission de radio : « Ces gens-là ne manquent pas d'audace, non seulement on les accepte dans ce pays, mais encore ils demandent à ce que l'on tienne compte de leurs particularismes ! » Oui, ils le demandent, et ils ont raison de le faire, dans la mesure où une *intégration* n'est pas une *assimilation* et où nous avons tous et tout à gagner de l'enrichissement culturel que nous apporte leur présence. Le président de la République lui-même a fait, à diverses reprises, l'éloge de cet apport réciproque des cultures, notamment dans l'important discours qu'il a prononcé en octobre 2001 à l'Unesco, à l'occasion de l'ouverture de la trente et unième conférence générale de cette institution: « La réponse... nous la vivons dans nos traditions, nous la sentons dans nos cœurs et dans notre raison, c'est le dialogue des cultures, gage de paix alors que le destin des peuples se mêle comme jamais. Un dialogue revivifié, renouvelé, réinventé, en prise sur le monde tel qu'il est. Sur quels principes se fondera ce dialogue? Le premier, qui pourrait être inscrit au frontispice de l'Unesco, c'est l'égale dignité de toutes les cultures, et leur vocation à s'interpénétrer et à s'enrichir les unes des autres. »

Les demandes d'écoute évoquées ne sauraient certes devenir des exigences contraires « aux lois et aux bonnes mœurs ». Mais peut-on *sérieusement* dire qu'il leur est porté atteinte? Pour revenir à la question tant débattue aujourd'hui du foulard islamique, son port *individuel,* à l'école ou au travail, est-il fondamentalement contraire à la morale publique ? Je préfère pour ma part que des jeunes filles ou des jeunes femmes ayant la chance de vivre dans un pays qui a progressivement amélioré la condition féminine – tout en étant encore loin du terme de cet effort ! – décident, en renonçant au voile, d'accéder à ce que nous considérons majoritairement comme un élément essentiel de leur émancipation ; je déplore par ailleurs que les pressions de leur entourage puissent les conduire à se soumettre à un diktat de nature religieuse. Mais cela ne change rien à l'affaire : c'est à elles, jeunes citoyennes, et à elles seules, qu'il appartient d'en décider. Comment ne pas comprendre en effet que d'imposer une tenue vestimentaire (ou d'en interdire une) constitue, précisément, un acte de rejet de leur pleine citoyenneté ? Mais, diront les bons esprits, nombre d'entre elles ne sont pas majeures et il est donc de notre devoir de les protéger contre leurs propres familles ! Faudrait-il dès lors n'interdire le port du foulard qu'aux mineures ? On voit bien jusqu'où pourrait nous entraîner la « logique » d'une telle attitude.

En vérité, l'ordre républicain n'a pas vocation à interférer avec la façon dont nos concitoyens entendent vivre leur vie et, en particulier, les parents élever leurs enfants.

Les braises sous la cendre

L'accès de tous, sans distinction, à l'instruction publique constitue une conquête sociale majeure du XIXe siècle qu'il ne saurait être question de laisser remettre en question de quelque façon que ce soit. Encore convient-il, là encore, de ne pas fonder cette conviction très largement partagée sur des représentations approximatives, voire fausses, de ce que sont réellement l'institution scolaire et son rôle.

La fréquentation d'une école n'est pas une obligation légale et cela vaut *a fortiori* pour l'école publique. La seule obligation qu'ont les parents est de donner une instruction à leurs enfants, dans le cadre qui leur convient : ce choix, fondamental, est reconnu par la République comme relevant de l'exercice des libertés individuelles. Se pose alors – et c'est là souvent que le bât blesse – la question du financement des diverses institutions scolaires qui ne relèvent pas directement de la puissance publique. On a en mémoire les conflits douloureux qu'elle a suscités et qui sont toujours susceptibles de renaître de leurs cendres.

S'agissant spécifiquement de l'école publique, elle est en principe accessible à tous, en quelque endroit que ce soit du territoire national. Sait-on néanmoins qu'il n'existe pas d'école publique… au sein du Territoire (pourtant français !) de

Wallis et Futuna ? Dans ces terres lointaines, où l'Église catholique est reine, les petits Wallisiens et les petits Futuniens n'ont d'autre solution que de fréquenter l'école des bons pères. Mais laissons là l'anecdote pour nous concentrer sur l'essentiel : très précisément le caractère *laïque* de l'école de la République. Et, là encore, force est de reconnaître que l'ambiguïté est reine.

Nos esprits sont marqués par la période hautement conflictuelle qui a conduit à la promulgation de la loi de 1905. Une centaine d'années, cela peut sembler bien long : c'est en fait assez court au regard de l'échelle de temps des évolutions culturelles. Certains instituteurs – pardon, professeurs des écoles – se considèrent toujours comme les *Hussards noirs de la République*[3], et il serait bien malvenu de leur en faire injustement le reproche : ils vivent leur « passion laïque » avec un dévouement et un engagement personnel qui ne peuvent qu'entraîner l'estime. Leur intime conviction est que le rôle émancipateur de l'école n'est pas compatible avec la tolérance, en son sein, de marques d'attachement à quelque forme que ce soit d'appartenance religieuse. Ils font remarquer, non sans raisons, que l'institution d'un jour « libre », dans la semaine, avait précisément pour

3. Charles Péguy, *L'Argent,* Œuvres complètes, Gallimard, vol. III, p. 403.

objet de permettre aux parents en ayant le désir de donner à leurs enfants l'instruction confessionnelle de leur choix et que, dans ces conditions, l'école publique doit rester complètement en dehors de ce jeu.

On aimerait pouvoir les suivre. Mais nombreux sont les parents (mais aussi, parfois, les écoliers eux-mêmes) qui, aujourd'hui, ne partagent pas ce sentiment. Pour eux, la présence à l'école ne saurait être une sorte de parenthèse qui effacerait, pendant quelques heures chaque jour, ce qu'ils considèrent comme l'engagement fondamental de *leur* vie : leur foi. Ils font valoir, eux, que ce ne sont pas les écoliers qui doivent être « laïques » mais que c'est bien l'école elle-même qui a pour mission de l'être. Laïque, c'est-à-dire garante de l'égal respect de *toutes* les cultures, y compris dans leurs dimensions religieuses. Ceux d'entre eux qui ont une bonne connaissance de l'histoire de la laïcité scolaire en France ajoutent volontiers qu'ils ne croient pas, en disant cela, être en contradiction avec ce que pensaient ses initiateurs.

Les ingrédients de la démocratie

Nous n'avons guère d'autres ressources, pour tenter de résoudre ou en tout cas de dédramatiser ce conflit à première vue insurmontable, que de prendre appui sur les quatre composantes majeures de la démocratie que sont le respect du temps, le respect de l'autre, le bon sens partagé et le débat.

Le respect du temps : si, un siècle après la fin « officielle » du conflit scolaire entre la République et l'Église catholique, les tensions restent vives et la guerre scolaire toujours prête à reprendre à la moindre étincelle, comment s'étonner du fait que la question des relations entre l'école et l'islam religieux ne soit pas d'ores et déjà résolue, alors même qu'elle n'est réellement posée que depuis quelques années, au mieux une ou deux décennies ?

Le respect de l'autre : le rejet pur et simple des positions minoritaires – l'exclusion des élèves récalcitrantes – n'en est certes pas la meilleure expression possible ! Mais, à l'inverse, on ne peut pas non plus tolérer que lesdits minoritaires tentent d'imposer *leur* loi sans essayer de prendre en compte les arguments qu'on leur oppose. Le respect n'a de sens que s'il est partagé. Il est la condition impérative pour que puisse avoir lieu l'indispensable débat démocratique qu'appellent ces questions difficiles. Or le débat, s'il parvient à s'engager de façon non complètement passionnelle, commence par l'écoute de l'autre et il est donc en lui-même générateur de respect réciproque. La boucle ne demande qu'à être bouclée.

Le bon sens partagé: ce n'est pas une fuite en avant que d'y faire appel. Sur la base d'un débat et des concessions réciproques qu'il se doit d'entraîner, il y a tout lieu de penser que l'immense majorité de ses protagonistes acceptera que les limites de la tolérance ne peuvent être indéfiniment repoussées et qu'en particulier il ne saurait être question que les élèves choisissent à la carte les enseignements qu'ils vont suivre. Les programmes scolaires peuvent certes évoluer en fonction de la sensibilité de l'époque: ainsi évoque-t-on aujourd'hui l'idée d'y introduire un enseignement spécifique des faits religieux. Mais le principe même de leur existence, chacun peut et doit le comprendre, ne peut faire, lui, l'objet de concessions. Ceux qui refuseraient cet acte de bon sens choisiraient du même coup *eux-mêmes* l'exclusion de l'école publique.

Le débat enfin: c'est la sublimation du conflit en dialogue, l'outil essentiel d'établissement et d'entretien de la cohésion sociale. Encore faut-il que les citoyens se sentent directement concernés, qu'ils ne soient pas tentés de déléguer à d'autres la responsabilité de débattre et de trancher en leur nom. S'il est un domaine où le concept de démocratie participative trouve sa pleine justification, c'est bien celui de l'école, qui touche directement une immense majorité de nos compatriotes. Ce serait ainsi une très grave erreur de renvoyer purement et simplement à la loi – c'est-à-dire aux responsabilités déléguées à la démocratie représentative – le traitement de la question de l'intégration culturelle de l'islam. Si l'on voulait cultiver le paradoxe, on pourrait même aller jusqu'à dire que le foulard vient à point pour nous inciter à réfléchir collectivement à l'intégration à part entière des musulmans dans la société française – un problème qui dépasse largement celui des couvre-chefs mais dont celui-ci peut servir de prétexte à le traiter. Alors parlons-en en classe lorsque le problème affleure ; parlons-en dans les réunions de parents d'élèves ; parlons-en dans les comités de quartier. Forçons la parole, mais pas la solution. Écoutons, débattons, et acceptons que les conclusions opératoires ne soient pas nécessairement les mêmes partout ! Ainsi l'expérience réussie des uns aura-t-elle plus de chances d'aider les autres à progresser.

Légiférer ou débattre ?

La France aime les lois. Sans doute est-ce en partie la résultante de son engagement en faveur de « l'égalité en droits » que proclame l'article premier de la Déclaration des droits de l'homme et du citoyen. Peut-être faut-il aussi y voir la traduction de son attachement à l'autorité de l'État. Toujours est-il que, face aux difficultés nouvelles que le pays doit affronter, l'un des premiers réflexes est souvent de dire : légiférons ! Ce fut le cas pour les problèmes d'éthique résultant des progrès des connaissances dans les sciences de la vie ; il en est de même aujourd'hui vis-à-vis de ce que beaucoup considèrent comme des atteintes inadmissibles à la laïcité telle que traditionnellement définie. La loi est la même pour tous, elle constitue une référence indiscutable – c'est-à-dire non susceptible d'être discutée – pour toutes les décisions spécifiques à prendre.

Est-ce vraiment aussi simple ? Peut-on ainsi gérer les problèmes de société les plus délicats à l'emporte-pièce ? L'exemple des lois dites de bioéthique de 1994 est à ce propos éclairant et devrait faire réfléchir. Elles étaient établies pour cinq ans et devaient donc être révisées en 1999. Quatre ans plus tard le travail n'a pas encore abouti, conflits et contradictions en bloquant l'achèvement. Ne s'était-on pas quelque peu hâté de légiférer ?

De surcroît, chacun sait que nombre de lois ne sont pas vraiment appliquées, quand bien même nul n'est censé les ignorer ! Il est naïf de penser que l'adoption d'une loi dans un domaine aussi sensible que celui du port de signes d'identité cultuo-culturelle est de nature à en éradiquer aussitôt la pratique et permet de faire l'économie du dialogue avec les parents et les enfants concernés. Sauf à entrer dans une logique de répression ou d'exclusion automatique dont rien ne permet d'affirmer qu'elle résoudrait durablement et en profondeur le problème. Il y a même tout lieu de penser le contraire.

Enfin n'est-il pas pour le moins paradoxal de s'en remettre complètement au législateur dès lors qu'on a affaire à un problème qui touche de très près le fonctionnement quotidien de la société civile alors même qu'est engagée depuis maintenant plusieurs années une réflexion de fond sur le nouvel équilibre à trouver entre les pouvoirs des élus et ceux que les citoyens veulent continuer à exercer eux-mêmes, entre démocratie *représentative* et démocratie *participative,* telles qu'on les nomme aujourd'hui ?

Représentativité ou représentation ?

La France est formellement une démocratie *représentative.* Aux divers niveaux de son organisation politique, le peuple désigne périodiquement, par le suffrage, des élus chargés de prendre en son nom les décisions qui sont juridiquement de leur ressort : président de la République et assemblées parlementaires, assemblée européenne, conseils régionaux, généraux ou municipaux, d'où procèdent les divers exécutifs prévus par la Constitution et les lois en vigueur. Ce système politique de *représentation* est profondément ancré dans nos mœurs, et rares sont ceux qui souhaitent sérieusement lui substituer une mythique démocratie directe. Les deux mots évoqués – représentatif et représentation – ont cependant des sens différents et même sensiblement contradictoires, ce qui ne manque pas d'induire une certaine ambiguïté quant au statut et au rôle des élus.

Le premier, *représentatif*, renvoie directement à la fidélité de l'image d'un objet. Ainsi, pour un statisticien, un échantillon ayant cette qualité est un groupe d'individus que l'on extrait d'une population en s'efforçant d'obtenir qu'il lui ressemble le plus possible. Et cet homme de l'art sait que le meilleur moyen d'y parvenir est tout bonnement le tirage au sort ! Toute autre procédure « biaise » ledit échantillon, en atténue la ressemblance avec l'ensemble dont il est issu. Ce n'est cependant pas là une raison suffisante pour substituer demain un système de courtes-pailles à celui des urnes, et le sens courant du second mot, *représentation*, vient heureusement au secours de ce réflexe salutaire. Quittons en effet un court moment le domaine politique pour celui du spectacle. Une pièce de théâtre (et ce serait plus frappant encore pour un opéra), donnée en représentation, n'a rien d'une tentative d'identification au « réel » de ce qui se passe sur scène. Si son auteur prend appui sur des éléments de réalité, ce n'est pas pour en fournir des copies conformes mais bien avec le projet, tout au contraire, de s'en éloigner suffisamment pour provoquer l'émotion du spectateur : c'est là le principe même de la *convention* théâtrale. De façon similaire, le peintre, même s'il part du réel, le transfigure et en donne une représentation bien différente de ce qu'en serait une photographie.

Les représentations, dans le champ politique, n'échappent nullement à cette logique de distanciation. Une représentation démocratique est en effet, elle aussi, une anamorphose du réel qu'elle « représente ». Sans perdre toute ressemblance avec la société dont elle est issue, elle s'en écarte délibérément : contribuent à établir cette dissemblance le caractère prétendument universel du suffrage d'une part et, de l'autre, les modalités électorales en vigueur.

S'agissant du suffrage, on peut difficilement occulter que seule une fraction de la population s'exprime par la voie des urnes. Aurait-on si vite oublié que, dans ce pays, et aussi stupéfiant que cela puisse maintenant paraître, les femmes ne sont appelées à voter que depuis 1945 ? Le suffrage était pourtant, en toute bonne foi, déjà qualifié d'*universel* ! Et si c'est là un problème formellement dépassé, nul n'ignore qu'il subsiste encore d'énormes différences entre les deux sexes en termes d'accès effectif aux responsabilités électives. Mais la question du genre n'est pas la seule à intervenir en la matière. Les Français nés avant 1954 – hier donc ! – ne pouvaient voter qu'à partir de l'âge de vingt et un ans. Sans suggérer pour autant que le seuil de la majorité devrait être encore abaissé, on ne peut que constater qu'une partie considérable de la population n'est ainsi pas directement « représentée ». Pas plus que ne le sont les (nombreux) habitants majeurs de ce pays que la loi n'autorise pas à participer aux scrutins parce qu'on ne leur reconnaît pas la qualité d'électeurs – et cela vaut en particulier, soit dit en passant, pour une fraction de ceux que concerne le plus directement la question du foulard islamique. Pas plus que ceux qui appartiennent à la cohorte des abstentionnistes involontaires ou, de plus en plus nombreux hélas, volontaires.

Quant aux modalités mêmes des scrutins, chacun sait que les lois électorales sont conçues pour rendre la France « gouvernable » et que notre pays, au cours des dernières décennies, est passé véritablement maître en matière de déformation consciente et organisée de l'image du corps électoral par les scrutins majoritaires raffinés qui sont désormais notre lot. Ajoutons enfin que, pour d'évidentes raisons, les candidats aux élections constituent un groupe social très fortement sélectionné par rapport à l'ensemble des électeurs.

En d'autres termes, la représentation élective d'une population constitue bien une déformation consciente, organisée et massive de son image. Les ambiguïtés de vocabulaire nous font quelque peu perdre de vue ce qu'est réellement notre système de gouvernement : un processus *conventionnel*, défini par la Constitution et la loi électorale, qui a simplement pour objet de *déléguer* les pouvoirs de décision politique, exceptionnellement à un homme (le président de la République) et, de façon générale, à des assemblées électives. Incidemment, il serait infiniment plus conforme aux faits, dans ces conditions, de parler de démocratie *délégataire* plutôt que de démocratie représentative : on éviterait ainsi de regrettables faux-sens.

Des paroles aux actes

Si l'on décidait d'employer le vocable proposé plutôt que celui qui est aujourd'hui en usage, les élus apparaîtraient pour ce qu'ils sont vraiment : des *mandataires* temporaires du peuple, choisis pour prendre en son nom, pendant une période déterminée par le rythme des consultations électorales, les décisions politiques qui sont spécifiquement de leur ressort, et celles-là seules. La mission qui leur est confiée n'aurait, dans les esprits, plus rien d'une cession de carte blanche et son complément naturel, porté par la démocratie participative, prendrait tout son sens.

La souveraineté du peuple s'exerce certes de façon régulière au travers des processus électifs nationaux qui, dans le système d'alternance politique qui constitue la base de nos équilibres sociaux, permettent à des majorités de prendre le relais d'autres majorités et de profiter de leur passage temporaire au pouvoir pour moduler ou changer les règles du jeu légal et réglementaire. Mais les citoyens acceptent de plus en plus mal le caractère par trop épisodique de cette forme de contrôle sur la vie collective, sur le fonctionnement de la cité. Ils souhaitent intervenir plus directement sur l'évolution des affaires publiques. Il faut donc restaurer pleinement le dialogue social, et plus précisément encore le *débat*.

L'ardente obligation du débat

Le débat politique (par exemple parlementaire), au-delà de son aspect parfois agaçant dans son formalisme de joute oratoire, a deux objets essentiels : expliciter en les extériorisant les positions, souvent contradictoires, des parties (ou des partis) en présence, avec l'arrière-pensée légitime de justifier, aux yeux des électeurs, la justesse de leurs choix ; améliorer, par le jeu des amendements, les textes (par exemple les projets de loi) faisant l'objet de ces débats. Il s'inscrit toujours dans l'optique d'une prise de décision de longue portée temporelle.

Les débats organisés au niveau de la démocratie participative n'ont, eux, de réelle portée que s'ils ont deux caractéristiques d'une tout autre nature. Ils doivent être diversifiés et par essence non-conclusifs.

Diversifiés : la démocratie participative ne prend réellement de sens que si un grand nombre de citoyens se sentent directement impliqués dans son fonctionnement, et cela ne peut être le cas si ses modalités de fonctionnement sont mimétiques de la démocratie délégataire, qui est toujours fondée, elle, sur la responsabilisation temporaire et périodiquement contrôlée par le suffrage d'un petit nombre d'élus. Les débats qui sont de son ressort doivent être effectivement accessibles à tous ceux qui souhaitent y prendre part : ils sont donc nécessairement multiples et même idéalement très nombreux. C'est dire aussi qu'ils ne peuvent être effectivement mis en œuvre que si le réseau associatif – outil majeur de ladite démocratie – est actif et doté de moyens d'action à la hauteur des ambitions ainsi formulées.

Non-conclusifs : c'est sans doute là un de leurs traits les plus importants, bien qu'apparemment paradoxal. On peut en effet de bonne foi se demander à quoi peut bien servir un débat s'il n'aboutit pas à des « conclusions ». Pour lever le paradoxe, il faut accepter l'idée – qui rejoint celle du refus de mimétisme des deux démocraties – que l'objet du débat participatif est *d'abord* et avant tout de permettre à chacun de ses protagonistes de mieux comprendre la position des autres. Ce n'est pas à une assemblée de parents d'élèves ou à un comité de quartier de prendre les *décisions* qui sont du ressort de l'institution scolaire ou des autorités municipales légitimes. Mais ces décisions seront inévitablement et profondément infléchies si les débats engagés à leur propos permettent à tous les citoyens concernés – responsables administratifs et politiques inclus – de mieux comprendre où se situent réellement les difficultés majeures et comment on peut tenter de les dépasser. S'il faut trancher, c'est bien aux mandataires (élus ou nommés sous la responsabilité générale des élus) qu'il appartient de le faire (sauf à rejeter le système délégataire et à préférer l'anarchie politique à la démocratie élective...). Il faut également ajouter – tous ceux qui ont participé à des débats publics ne peuvent qu'en être convaincus – que si l'on commence à débattre « librement » avec, en perspective, l'adoption d'une résolution finale, on ne peut empêcher ceux qui ont une idée claire des conclusions qu'ils souhaitent voir adopter de biaiser le débat dans cette optique, en le menant avec une stratégie déterminée : emporter l'adhésion autour de *leur* thèse. Le soi-disant débat se réduit alors à une simple joute oratoire dont le véritable enjeu est d'avoir le dernier mot.

La multiplicité fait la force

En dehors de la meilleure compréhension mutuelle évoquée entre leurs participants, en quoi de tels débats participatifs sont-ils de nature à peser sur les « grandes » décisions concernant la nation ? La réponse à cette légitime interrogation repose, précisément, sur la première caractéristique mentionnée des débats participatifs : leur multiplicité. Un débat isolé sur quelque sujet que ce soit, même s'il parvient à des conclusions parfaitement consensuelles, n'a aucune chance de dépasser, en audience, le cercle de ceux qui y ont participé ou celui, un peu plus large, de ceux qui en auront entendu parler et l'auront jugé si intéressant qu'ils sont prêts à en adopter le résultat. Mais *mille* débats sur quelque sujet que ce soit ne peuvent passer inaperçus, en particulier des médias et des politiques, et ont nécessairement une influence globale à une tout autre échelle que celle de leur déroulement local. Nul besoin pour cela qu'ils parviennent à des conclusions, dont au demeurant tout laisse à penser qu'elles seraient différentes d'un lieu à l'autre !

C'est la carte d'un retour à l'essence de la démocratie – donner la parole au peuple souverain – qu'il faut ainsi essayer de jouer, sans pour autant avoir la naïveté de confondre élaboration sociale des conditions d'une décision optimale et processus final de prise de décision, c'est-à-dire de choix. Pierre Mendès France nous l'a appris une fois pour toutes : gouverner, c'est choisir. C'est au politique qu'incombe la responsabilité de trancher. Mais on ne gouverne pas durablement sans créer les conditions d'une acceptabilité aussi large que possible des décisions prises, et seul le débat généralisé, permettant à chacun de faire valoir son point de vue et d'écouter ceux des autres, peut y conduire.

Modifier ou conforter les « lois laïques » ?

La IIIe République, à la fin du XIXe et au début du XXe siècle, a doté notre pays de quelques lois essentielles, fondatrices de nos libertés. Les plus connues sont la loi du 1er juillet 1901 et celle du 9 décembre 1905. Les juristes s'accordent à les classer toutes deux dans le bloc des *lois laïques* de la République, bien que le mot de *laïcité* n'apparaisse ni dans l'une ni dans l'autre. Il faudra attendre quelques décennies – en fait la Constitution de 1946, qui consacrait la naissance de la IVe République – pour que l'adjectif *laïque* figure enfin en bonne et due place dans une loi, et alors rien moins que dans la Loi Fondamentale. Il sera repris dans le tout premier article de celle de 1958, actuellement en vigueur.

Il est vrai que ce concept de laïcité ne laisse pas d'être ambigu. Chacun de nous en a une certaine représentation mais d'en donner une définition précise n'est pas chose aisée. Il est en outre symptomatique de constater qu'un mot aussi important n'a pas vraiment d'équivalent dans la plupart des langues étrangères, en particulier en anglais.

Le Petit Robert énonce quant à lui qu'il s'agit du « principe de séparation de la société civile et de la société religieuse, l'État n'exerçant aucun pouvoir religieux et les Églises aucun pouvoir politique ». Soit. Mais cette définition n'est-elle pas en réalité le fidèle reflet du contenu de la loi de 1905 et n'explicite-elle pas simplement le sens qu'a *pris* ce mot, au fil des ans, compte tenu de la place éminente de ladite loi dans la société française ?

Alternativement, raccrocher le sens du mot à sa racine grecque, *laïkos* (ce qui vient du peuple, de l'ensemble des citoyens qui ne détiennent pas de pouvoirs directs, religieux, politiques ou économiques), aurait l'immense avantage d'inclure la laïcité dans le champ politique et culturel et de la faire ainsi échapper au seul domaine des relations aux cultes. Et n'est-ce pas là, en vérité, l'acception que lui confère la Constitution, en cohérence avec le premier qualificatif dont elle dote la République : son indivisibilité ?

Une République indivisible et laïque

Les Français, dans leur immense majorité, sont convaincus que leur République est *une et indivisible*. Il est difficile de leur en faire reproche puisque les plus hautes autorités de l'État ne cessent de le leur répéter. Un ancien Premier ministre est même allé, pédagogue, jusqu'à expliquer qu'*une* ne signifie pas *uniforme* et qu'il y a donc place pour de la diversité au sein de l'unité.

Français, encore un effort pour devenir républicains ! Commençons donc par lire la Constitution. Nous ne sommes plus en l'an I ou en l'an III. Comme celle de 1946, la Constitution de 1958 ne déclare plus la République une et indivisible : elle est dorénavant *seulement* indivisible. Et il ne s'agit en rien d'un jeu avec des mots : la Loi Fondamentale mérite plus de respect. Si les Constituants de la IVe ou de la Ve République ont décidé de mettre l'accent sur l'indivisibilité de la nation, c'est bien parce que son hétérogénéité constitutive – ou si l'on préfère sa pluralité – pourrait conduire à la structurer en entités distinctes, juxtaposées. Et c'est toute tentation de clivage, de quelque ordre que ce soit, qu'ils ont voulu rejeter solennellement par l'énoncé de ce principe, en le plaçant de surcroît en tête du pacte républicain pour être tout à fait sûrs que chacun en mesure bien l'importance.

Mais comment gérer un ensemble dont on reconnaît la pluralité en même temps qu'on affirme ne vouloir en tenir compte à aucun prix en termes structurels ? Donner au mot laïque la signification élargie esquissée plus haut, en liaison avec son étymologie, serait une bonne réponse fonctionnelle à cette difficile question. L'exaltation de la reconnaissance réciproque, par l'ensemble des cultures constitutives de la nation, de leurs apports *mutuels* à l'édifice commun, à la *chose publique*, à la République renforcerait et garantirait son indivisibilité. À la conception *statique* d'une « unité » formelle de la nation, non prévue par le texte constitutionnel, se substituerait une vision *dynamique*, fondée sur les interactions fortes qu'il faudrait susciter, entretenir et développer entre les multiples cultures et peuples (*les composantes historiques du peuple français*) qui cohabitent en son sein.

Et cela ne remettrait nullement en cause la loi de 1905 et la conception qu'elle véhicule de la laïcité.

Une loi modèle

On doit la rédaction de ladite loi – une loi d'une étonnante qualité s'il en fut ! – à Aristide Briand, Jean Jaurès et Francis de Pressensé. Son article premier énonce sobrement : « La République assure la liberté de conscience. Elle garantit le libre exercice des cultes sous les seules restrictions édictées... dans l'intérêt de l'ordre public. » Quant à l'article 2, il stipule que « la République ne reconnaît, ne salarie ni ne subventionne aucun culte » mais il précise néanmoins que « pourront être inscrites aux budgets [de l'État, des départements et des communes] les dépenses relatives à des services d'aumônerie et destinées à assurer le libre exercice des cultes dans les établissements publics tels que lycées, collèges, écoles, hospices, asiles et prisons ». Voilà, en moins d'une centaine de mots, solidement posé le socle juridique de la « laïcité à la française », pour un siècle au moins et, espérons-le, pour les siècles des siècles !

Le premier article ne se contente pas de prendre un engagement relatif à la protection par la nation de l'exercice du plus précieux des droits de l'homme : la liberté de conscience. Il confère aussi à la République la responsabilité de veiller à ce que cette liberté fondamentale de chaque individu puisse trouver sa pleine expression dans la pratique, par nature *collective,* d'un culte. Il reconnaît par là-même que, sans communication possible au sein d'une *communauté* librement constituée, la liberté individuelle est de fait tronquée, incomplète : les actes d'ordre cultuel (mais cela ne vaut-il pas tout autant pour ceux qui sont d'ordre culturel ?) ne peuvent véritablement prendre leur sens que s'il est possible de les accomplir au sein d'une collectivité humaine qu'en retour cette pratique contribue à définir et à souder.

L'article deux, quant à lui, tire une conséquence majeure de l'affirmation de cette liberté collective, pendant indissociable de la liberté individuelle de conscience. Après avoir énoncé une interdiction formelle de tout financement public des cultes, il ouvre en effet une brèche, et de taille, dans cet interdit en le levant dans les lieux publics où, partiellement ou totalement privés pour une raison ou pour une autre de leur liberté de corps, des individus seraient mis dans l'incapacité de fait de pratiquer le culte de leur choix. Il ne peut être de meilleur exemple de la volonté collective de respect d'autrui.

Un bouclier des libertés publiques

La loi de 1901, quant à elle, a un champ d'application politique, social et culturel bien plus vaste que celui de la loi de 1905. Celle-ci ne concerne formellement que les relations aux cultes, celle-là touche à toutes les formes d'activité sociale des citoyens. « Conventions par lesquelles deux ou plusieurs personnes mettent en commun de façon permanente leurs connaissances ou leurs activités dans un but autre que de partager des bénéfices, les associations de personnes peuvent se former librement sans autorisation ni déclaration préalable. [...] Toute association rendue publique par les soins de ses fondateurs peut recevoir, en plus des cotisations de ses membres, des subventions de l'État, des régions, des départements, des communes et de leurs établissements publics. »

Le réseau des associations établies selon la loi de 1901 est à la base de l'organisation de la société civile. Ces associations ont la responsabilité et la capacité de promouvoir l'expression publique des libertés individuelles, des libertés qui sont pourtant, par essence, d'ordre privé. Et, caractéristique d'une extrême importance politique et sociale, elles peuvent bénéficier de subventions *publiques* de la part des divers rouages de l'État. Des ponts formels sont donc établis – et non des moindres – entre ces sphères dont d'aucuns s'acharnent pourtant à éviter à tout prix qu'elles ne communiquent : la sphère publique et la sphère privée.

Une voie est ainsi ouverte pour donner un nouvel élan à la fraction du mouvement associatif qui est directement impliquée dans la représentation des cultures constitutives de la nation. Encore faudrait-il préciser par quelle procédure juridique pourrait être reconnu « l'intérêt public et culturel » des associations sollicitant ainsi le concours de la nation. Cela n'est pas insurmontable.

Troisième partie

Propositions

Où l'on suggère d'étendre le concept de laïcité du seul champ cultuel au champ culturel et de prendre appui sur cette définition élargie pour affirmer que la multiplicité des composantes du peuple français, partie prenante des « biens publics globaux » et du patrimoine culturel de l'humanité, constitue non point une faiblesse mais bien une richesse pour notre pays.

Élargir la définition de la laïcité

Culturellement parlant, la France demeure la fille aînée de l'Église apostolique, catholique et romaine même si elle a fait de la séparation formelle des Églises et de l'État si l'on peut dire son *credo*. Ainsi ce n'est que récemment que l'on a commencé à désacraliser le dimanche en autorisant, ce jour-là, l'ouverture de certains commerces autres que ceux de l'alimentation. La majorité des fêtes officielles de la République est d'inspiration chrétienne et l'une d'entre elles – l'Assomption – est même de source purement catholique. Le président François Mitterrand, qui avait lui-même organisé ses obsèques, a fait bénir son corps virtuel et officiel à Notre-Dame de Paris pendant que son corps réel et personnel était enterré civilement en province. Nos villes et nos campagnes vivent tout naturellement au rythme des carillons des églises : s'est-on demandé ce qui se passerait si un muezzin appelait les fidèles à la prière du haut d'un minaret ou si un rabbin se mettait, à l'occasion de Kippour, à souffler dans un *shofar* ?

Aucune des mesures imaginables de laïcisation accentuée de l'État – par exemple une modification symbolique, dans cet esprit, de la liste des fêtes publiques – ne saurait changer en profondeur cet état de fait, qui est la résultante de toute une histoire. Mais, en même temps, la France s'affirme formellement (et dans sa grande majorité se veut) laïque.

Le contrepoids laïque

Pour presque tous nos compatriotes, la laïcité a, en l'occurrence, la signification que lui prête le dictionnaire : elle renvoie au principe de séparation des Églises et de l'État. Cette interprétation est, en particulier, implicitement porteuse d'une liberté essentielle à laquelle nombreux sont ceux qui ne veulent à aucun prix renoncer : ne pas devoir afficher individuellement une religion (fût-elle non pratiquée) pour avoir le droit, socialement parlant, d'exister. Nous avons le privilège de vivre dans l'un des rares pays non totalitaires de la terre où il est possible d'être agnostique ou athée sans avoir à masquer cette conviction derrière l'étiquette protectrice d'une affiliation religieuse de convenance. Pour beaucoup, il serait impensable de remettre en question, sous quelque prétexte que ce soit, ce droit, qu'ils considèrent à juste titre comme l'un des plus fondamentaux, l'une des grandes conquêtes spécifiques de notre histoire et de notre culture.

Mais il n'y a pas de raison de limiter à une interprétation aussi restrictive et purement négative – une séparation – le sens du mot « laïque », un mot suffisamment important pour qu'il apparaisse en tant que deuxième qualificatif constitutionnel de la République, juste après l'affirmation de son indivisibilité. Cette place privilégiée impose même, d'une certaine façon, qu'on lui donne un sens plus large, fortement *signifiant* pour tous les Français, qu'ils soient ou non croyants, qu'ils se sentent ou non concernés par le fait religieux, et, en fin de compte, qu'ils appartiennent ou non à la majorité culturelle de ce pays.

Majorité et minorités

La reconnaissance de l'existence de « minorités » culturelles présente de prime abord d'incontestables aspects positifs. Elle ouvre la voie à la protection spécifique de leurs droits, qui risqueraient, si tel n'était pas le cas, d'être bafoués ou, en tout cas, insuffisamment reconnus par la majorité. Mais cette affirmation n'a pas nécessairement que des avantages. Raisonnons par analogie. Dans la plupart des sociétés humaines, les femmes sont globalement dans une situation qui rappelle celle des minorités culturelles. Si elles n'en constituent évidemment pas une au sens numérique du terme, leur rôle social est néanmoins habituellement minoré, et souvent fortement. Et c'est pour lutter activement contre cette discrimination et permettre aux femmes d'accélérer leur accession effective aux mêmes droits que les hommes qu'a été conçu le principe de *parité*, aujourd'hui en usage dans bien des pays (dont la France). Mais chacun sait que nombre d'organisations – féministes entre autres mais pas seulement – demeurent réservées sur l'opportunité d'inscrire un tel principe dans les esprits et dans le marbre des textes, craignant qu'il ne contribue de fait, au-delà des apparences, à maintenir les femmes ainsi « protégées » dans un rôle second. En réalité, il faut donc le considérer moins comme un authentique principe que comme une forme d'*action positive* (pour reprendre l'expression américaine utilisée dans la lutte contre les inégalités sociales), par essence *temporaire*. Une fois le problème résolu, ledit « principe » est appelé à perdre sa pertinence et à être effacé des textes et des mémoires.

Si l'on concevait la reconnaissance des faits culturels dits minoritaires dans le même esprit, on ne pourrait que se féliciter de cette prise en compte active par la société. Tout laisse cependant penser que les risques évoqués à propos de la situation sociale des femmes ne perdurent s'agissant des « minorités » d'ordre culturel. Ainsi qualifiés, les groupes sociaux en question sont presque inévitablement réduits à demeurer confinés sous cette étiquette, n'ayant aucune raison de changer massivement de taille au cours du temps. De là à les constituer en « communautés » susceptibles d'être plus ou moins ségréguées – fût-ce pour la bonne cause ! – il n'y a qu'un pas, sans nul doute trop facile à franchir. Minorités ethniques, minorités sexuelles, minorités linguistiques... désignées en tant que telles ont en quelque sorte vocation naturelle à être marginalisées par les courants « majoritaires ».

Mais a-t-on réellement besoin d'une étiquette « minorante » pour reconnaître des faits culturels ? Une culture a-t-elle besoin d'être jaugée quantitativement pour mériter sa place au soleil ?

L'autre face de la laïcité

En France, l'affirmation historique du principe de laïcité a été à la fois et de façon pratiquement indissociable celle de la nécessaire séparation des Églises et de l'État et celle du refus de voir une culture quelle qu'elle soit - en l'occurrence la culture catholique - exercer sa domination sur les autres. On a retenu essentiellement le premier de ces deux aspects, au point que le terme laïcité lui-même n'est aujourd'hui compris que dans sa dimension cultuelle. Rien n'interdit toutefois de proposer d'en étendre le sens au champ culturel. Prenant dès lors en compte les remarques qui précèdent sur la contestable dualité culturelle entre majorité et minorités, il s'agirait non seulement d'élargir le champ d'application du cultuel au culturel mais aussi de passer d'une définition « négative » (une séparation) à une expression positive (une reconnaissance). On pourrait ainsi redéfinir formellement la laïcité en tant que *principe de reconnaissance réciproque de l'égale dignité des cultures*.

Une telle proposition mérite naturellement discussion, et sur le fond et sur la forme. Insistons simplement à ce stade sur la présence d'un mot clé : « réciproque ». De même qu'un débat démocratique implique un respect mutuel de ses participants (et donc que s'en excluent automatiquement les non-démocrates), ne peuvent être reconnues comme « d'égale dignité » que des cultures capables de reconnaître elles-mêmes la dignité des autres. Comme la démocratie, la laïcité ainsi revisitée est un processus d'échanges, qui n'implique aucun syncrétisme mais qui exclut tout mépris de l'autre.

L'adoption d'une telle proposition permettrait, *sans changer un iota de nos textes fondateurs*, d'aborder sous un jour nouveau les questions politiques et culturelles majeures qui se posent désormais à nous. La nature même du sens du pacte républicain en serait sensiblement modifiée, la diversité culturelle intervenant dès lors implicitement dans le jeu des quatre qualificatifs fondateurs d'une République indivisible, *laïque*, démocratique et sociale. Ne serait-ce pas une façon de rendre au *culturel* – au sens le plus large du terme – une place essentielle, cette place que le triomphe insolent de la mondialisation économique a de nos jours tendance aujourd'hui à occulter ? Peut-être serait-il temps de se souvenir que les hommes ne vivent pas que de pain.

La première étape de la relecture *laïque* – au sens que nous venons de donner à ce mot – des problèmes de diversité culturelle auxquels nous sommes aujourd'hui confrontés consiste à braver l'interdit du Conseil Constitutionnel et à se pencher sur la pluralité des composantes du peuple français ; la seconde à élever les faits de culture au rang de *biens publics globaux*. Ce sera l'objet des deux derniers chapitres de ce livre.

Le mot et la chose

Voilà donc pour le mot mais que dire de *la chose* ? Laïcité est un mot important pour nous Français, puisque... sacralisé par notre

Constitution, mais que la plupart de nos concitoyens européens ignorent. Même si nous nous mettions d'accord entre nous sur le sens renouvelé que nous lui donnons, nous n'aurions que peu de chances de l'introduire dans le vocabulaire de l'Union européenne. C'est donc bien au *concept* qu'il exprime qu'il convient de conférer une véritable primauté, en essayant de le faire reconnaître au sein de la République et, demain, par l'ensemble des citoyens européens, comme fondateur de la cohésion de sociétés riches de leur diversité culturelle constitutive.

Reconnaître la pluralité constitutive du peuple français

Le peuple français est constitué de composantes multiples. Or ce seul mot de *composantes* fait problème. Lorsque la loi a tenté de l'utiliser à propos du peuple corse, il a été rejeté sans appel par le Conseil constitutionnel. Prendre acte, en citoyen discipliné, de ce refus formel ne signifie pas pour autant admettre que l'idée en question soit fausse. « Une chose ne cesse pas d'être vraie pour ne pas être acceptée par plusieurs[4]. »

Sont-ils de mauvais citoyens, ces Corses, mais aussi ces Bretons, ces Basques, ces Occitans, ces Alsaciens, ces Auvergnats, etc., qui, estimant être les héritiers d'une histoire et d'une culture, se sentent responsables d'en préserver et d'en promouvoir les traits spécifiques ? N'est-il pas trop facile de les renvoyer à la simple nostalgie d'un passé que la France a progressivement gommé, au cours des siècles écoulés, pour se construire telle qu'elle est aujourd'hui ? N'est-il pas contraire au

4. Spinoza, *Court traité sur Dieu, l'homme et la béatitude.*

principe même de la démocratie d'imposer la volonté supposée de la majorité aux minorités qui tentent de s'exprimer en son sein sur des questions à leurs yeux fondamentales ?

La nostalgie souverainiste

Bien des Français, il est vrai, semblent réticents à reconnaître formellement la dimension publique nationale des faits culturels en question et des langues qui contribuent à les véhiculer. La cohorte disparate des *souverainistes* de tous bords constitue le fer de lance de cette opposition. Elle renvoie volontiers au folklore les revendications culturelles évoquées en même temps qu'elle conteste la légitimité de la construction européenne et que, le plus souvent, elle se méfie de la régionalisation. Cette façon de penser mérite attention, comme *a priori* toute autre, elle n'a rien de profondément choquant en soi. La dilution des spécificités nationales ne saurait laisser indifférent. On ne peut abandonner d'un cœur léger et sans y réfléchir à deux fois ce qui, incontestablement, a été, au travers des divers régimes qu'a connus notre pays, le constant fil conducteur de notre démarche historique : la construction d'un État-nation privilégiant l'autorité du pouvoir central aux dépens de tous les autres. On ne saurait éviter de s'interroger sur les risques induits par la régionalisation, notamment celui d'une résurgence de pouvoirs locaux n'offrant pas les mêmes garanties d'impartialité et de solidarité que celles que l'État est censé apporter, pas plus que sur ceux d'une dilution des spécificités nationales au profit de pouvoirs supranationaux dont nous aurions en fait perdu le contrôle.

Cela dit, devrions-nous laisser le *communautarisme national* – il faut bien l'appeler par ce nom si l'on veut éviter celui, moralement banni par l'histoire, de nationalisme ! – bloquer toute possibilité réelle d'évolution politique et culturelle de notre pays ? Les évolutions majeures ne peuvent être que lentes mais la clairvoyance politique est de les rendre possibles, et d'abord d'en parler sans fard. Qu'il s'agisse d'économie ou de culture, les États conservent pour le moment un rôle majeur mais leurs pouvoirs sont néanmoins largement effrités à la fois de l'extérieur (les conventions internationales, politiques et économiques) et de l'intérieur (la pression de leurs composantes internes). Aller de l'avant en affrontant ces réalités n'implique en aucune manière de renoncer sans « résister » à notre originalité au profit d'un ordre mondial nouveau qui tend à imposer sa loi avec une violence sous certains aspects comparable à celles qu'ont connues les générations antérieures. Mais la Résistance, à laquelle certains se réfèrent aujourd'hui si volontiers, reposait explicitement et fondamentalement sur deux principes : surmonter la diversité de ses composantes sans nier leur existence, prendre appui sur la force des Alliés. Les acteurs clandestins de la France Libre savaient mieux que quiconque que la victoire finale passait obligatoirement non par la négation de leurs particularismes mais par leur dépassement et par l'abandon délibéré des redoutables certitudes sur notre invincible puissance, celles-là même qui nous avaient conduits à l'effondrement des années quarante.

Le mirage de la territorialité

La Corse est exemplaire des fausses pistes que nous pourrions avoir la tentation d'emprunter pour éviter d'avoir à traiter de la diversité constitutive du peuple français. L'erreur de fond, en lançant le référendum de juillet 2003, a été de confondre en l'occurrence territoire et culture. La réduction de la *corsitude* à son expression territoriale revenait à nier l'évidence : le peuple corse, lui aussi, vit en majorité en *diaspora* et, dans sa majorité, il n'est nullement prêt à y renoncer ! Si les indépendantistes ont appelé à voter oui, c'est bien parce que, pour eux, la consultation territoriale à laquelle ils étaient conviés entrait directement dans leur jeu : le contenu spécifique du texte proposé – la suppression des deux départements de l'île au profit d'une entité unique – ne les intéressait guère au regard de l'étape que sa simple adoption aurait permis de franchir sur la voie de l'indépendance. C'est très précisément la raison pour laquelle, à l'inverse, le « réflexe républicain » a joué en faveur d'une réponse négative. Et si, au lieu de restreindre la consultation aux seuls électeurs domiciliés en Corse, on avait pu l'étendre à tous ceux qui, en France, peuvent se réclamer d'une identité corse, le rejet du texte n'eût-il pas été plus massif ?

S'il est vrai, plus généralement, que les peuples-composantes du peuple français vivent majoritairement en diaspora vis-à-vis de leurs terres « de référence », il devient proprement aberrant de n'envisager leur pérennisation qu'au travers d'un repli physique sur ces territoires. Le mot d'ordre *Nous voulons vivre au pays*, qui eut son heure de gloire, a heureusement beaucoup perdu aujourd'hui de son audience. Sans nier le caractère fondateur d'un attachement à leur *petite patrie*, on ne saurait limiter à cette dimension le désir plus ou moins explicite de nos concitoyens de contribuer à préserver leur histoire et leur culture. Mais c'est un désir qu'ils n'osent pas toujours exprimer ouvertement, tant est impérieuse la pression idéologique en vue de l'unité nationale ! Il éclot donc le plus souvent dans leur jardin secret...

Une Europe de toutes les cultures

La prise en compte officielle par la République des aspirations à la reconnaissance de la pluralité constitutive du peuple français, sans que soit pour autant remise en cause son indivisibilité, susciterait inévitablement une double opposition : celle des affidés de l'unicité et de l'unité nationales, mais aussi celle des indépendantistes de tous bords, qui pourraient craindre à juste titre qu'elle ne leur coupe l'herbe sous les pieds. Cependant d'autres forces sociales existent, susceptibles d'être mobilisées pour cette cause. On compte parmi elles les mouvements de la société civile qui ont d'ores et déjà intégré à leurs propres revendications d'enracinement culturel des dimensions d'épanouissement interculturel (et parfois explicitement diasporique). On y trouve aussi les acteurs qui œuvrent en faveur de rapprochements européens sur les questions culturelles.

L'ouverture européenne présente, de ce point de vue, une chance qu'il ne faut pas manquer. Ce qui peut apparaître aujourd'hui comme inacceptable dans le cadre national peut l'être beaucoup moins demain dans un cadre élargi à l'échelle européenne : une évolution radicale du statut de l'ensemble des grandes îles européennes de la Méditerranée, pour ne prendre qu'un exemple ! L'affaissement des barrières que constituaient naguère les frontières européennes à la libre circulation des personnes et des biens au sein du continent ne peut qu'accélérer le processus en marche, d'essence diasporique, et ses conséquences : la nécessité de préserver et de promouvoir les patrimoines historiques et culturels des peuples-composantes du peuple européen mais aussi l'exaltation de leurs apports réciproques et le développement de leurs synergies.

Si l'on ne peut aller trop vite pour ce faire – il faut là encore que les esprits aient le temps de s'accoutumer à cette idée – on peut néanmoins aider nos concitoyens à prendre plus explicitement conscience des cartes qu'ils peuvent jouer. Il serait en particulier judicieux, dans cet esprit, d'essayer d'éviter que l'adoption d'une Constitution européenne et de la Charte des droits fondamentaux de l'Union qui l'accompagne ne demeure qu'affaire de spécialistes. Or on ne fait manifestement pas les efforts d'information nécessaires, aujourd'hui, pour que les Français prennent vraiment connaissance du contenu de ces projets, en débattent et se les approprient. C'est pourtant bien de *leur* avenir qu'il est ainsi et fondamentalement question.

Proclamer les faits de culture « biens publics patrimoniaux de l'humanité »

Au fur et à mesure que s'amplifie le triomphe annoncé de l'économie libérale mondialisée, la conscience se fait plus aiguë, y compris parmi ses partisans les plus éclairés, de la nécessité de favoriser l'essor de contre-pouvoirs susceptibles non seulement de réguler les marchés actuels mais aussi d'éviter de trop grands déséquilibres planétaires et, partant, l'explosion potentielle de violences difficilement contrôlables. Il n'est donc pas surprenant que les institutions internationales officielles elles-mêmes tentent de contribuer à l'établissement de ces règles renouvelées du jeu international. C'est dans cet esprit qu'agit notamment le Programme des Nations Unies pour le développement (PNUD). L'un des concepts aujourd'hui mis en valeur par cette institution est celui de *biens publics globaux*. Elle lui a consacré de nombreux travaux et divers ouvrages[5].

5. *Providing Global Public Goods*, edited by Inge Kaul *et al.*, Oxford University Press, 2003.

Posséder

Le mot *biens* relève en premier lieu de la sphère privée. Il se réfère à l'un des droits fondamentaux énoncés par la Déclaration des droits de l'homme : le droit de propriété. *Mes* biens (dès lors que je les ai acquis sans contrevenir à la loi) m'appartiennent de façon imprescriptible, et je peux les transmettre de plein droit à mes descendants. La propriété privée constitue ainsi l'un des fondements – reconnus – des sociétés démocratiques et, selon certains, elle serait l'incomparable moteur de leur évolution et de leurs progrès.

L'extension du droit individuel de propriété à des personnes morales, et notamment à des personnes morales publiques, n'a en soi rien de nouveau. Les villages ou les villes disposent par exemple, depuis la nuit des temps, d'espaces qui sont leur propriété collective – les *communs*. Les États sont eux-mêmes propriétaires de leur sol et de ses extensions maritimes conventionnelles, et aussi des bâtiments qui sont, précisément, qualifiés de *publics*. Et la *res publica* n'est-elle pas, elle-même, un (éminent et précieux entre tous) bien public de la nation ?

Ce qui est beaucoup plus récent, et donc plus novateur, est l'introduction, dans le champ des biens publics, d'une personne morale d'une dimension tout autre, virtuelle pour tout dire, puisqu'il s'agit de l'humanité en tant que telle, actuelle et future, à qui l'on attribue conventionnellement la propriété suprême de biens spécifiques, ceux pour lesquels on a précisément inventé, vers le milieu du XXe siècle, le concept évoqué de biens publics *globaux,* dont la définition n'est pas encore complètement stabilisée.

La caractérisation des biens privés est relativement aisée : le marché permet de les reconnaître ou de les produire, et, en leur attribuant une valeur *marchande,* de les échanger. Pour les biens publics, on ne dispose que rarement de cet outil : si certains d'entre eux continuent, de façon marginale, à relever du marché (une commune peut ainsi décider de vendre tout ou partie de ses communs), les autres (par exemple la propriété par un État de son sol) ne prennent réellement de sens que dans le cadre d'une économie *non marchande :* c'est alors l'accessibilité (à *tous*) de ces biens et le partage (entre *tous*) de leurs rapports qui constituent la base habituelle de leur identification.

On passe à un cran nettement plus élevé de complexité et, disons-le, d'imprécision dès lors que le mot « *tous* » ne désigne plus un ensemble défini d'individus (les habitants d'une commune ou ceux d'un pays) mais bien l'entité floue évoquée par l'adjectif « global ». On ne peut alors éviter l'arbitraire d'une définition purement conventionnelle. Celle que propose le PNUD a l'avantage de la force et de la simplicité : « *Les biens publics globaux sont ceux dont les bénéfices s'étendent à tous les pays, tous les peuples et toutes les générations.* » On ne peut être plus large et plus ouvert.

N'entrons pas dans le détail des argumentations critiques des juristes au sujet de cet *artefact* politique et social en cours de perfectionnement. Contentons-nous de constater qu'il existe. Les biens publics globaux sont des entités désormais reconnues à l'échelle internationale, réputées utiles, accessibles sans exclusive à toute l'humanité présente et à venir : voilà qui fait directement écho à notre réflexion sur la pluralité des faits de culture et sur les échanges interculturels ! Et cela même si la réflexion spécifique du PNUD semble encore peu développée à ce propos – au point que cette institution aurait même tendance à classer explicitement hors du champ public global les langues et traditions culturelles, considérées par elle comme essentiellement *nationales*...

Transmettre

Un autre mot de la sphère privée fait écho au mot *biens*, celui de *patrimoine*. À une *statique* – l'inventaire des biens que l'on possède à un moment donné – il ajoute une *dynamique* : la transmission de ces biens d'une génération à l'autre. Ce droit est reconnu, au même titre que le droit de propriété, en tant que l'un des fondements essentiels de notre société. Les règles de transmission des biens, matériels (l'héritage) ou immatériels (le nom, le titre nobiliaire, le pouvoir royal, etc.), varient dans le temps et dans l'espace, mais l'essentiel demeure : le maintien, d'une génération à l'autre, de leur possession individuelle ou, plus précisément, familiale.

La volonté de préserver dans son intégralité cet héritage intergénérationnel peut atteindre de tels sommets que certaines de ces règles interdisent le partage du patrimoine entre plusieurs bénéficiaires. Tel est le cas des titres nobiliaires ou royaux. Mais il arrive parfois que le transfert formel des biens – y compris des biens matériels – « saute » une génération et passe non pas à la suivante mais bien à la seconde pour éviter tout risque de dilapidation. C'est ainsi que l'on définit, juridiquement, le « legs par substitution », permettant « à un bien d'être transmis autoritairement par le grand-père à son petit-fils, le fils n'en ayant que l'usufruit... Cette disposition, héritée du droit romain, fut utilisée dans de grandes familles : par exemple l'hôtel de Guise, à Paris, fut "substitué" de génération en génération depuis le cardinal de Lorraine jusqu'à Marie de Guise, ce qui en évita l'aliénation[6]… ».

Ce dispositif est étonnamment proche de celui qui est en vigueur chez les Juifs, dans le domaine de la transmission non des biens matériels mais de l'héritage culturel. Lors de la célébration de la Pâque, au cours du Seder (le dîner solennel qui réunit la famille à la veille de cette fête, l'une des plus importantes du calendrier hébraïque), il est de tradition que le plus jeune garçon de la famille pose quatre questions rituelles, autour du thème : « Pourquoi cette nuit ne ressemble-t-elle pas aux autres nuits ? » Ces questions, il les pose non point à son père, mais bien, en la présence de celui-ci, à son grand-père, établissant ainsi un saut entre générations qui a donc une inspiration analogue à celle du legs par substitution : l'avenir, en s'enracinant plus en amont dans le passé, a plus de chances de lui être fidèle…

Le patrimoine de l'humanité

Émerge aujourd'hui, parallèlement au concept de biens publics globaux, celui de *patrimoine de l'humanité*. Cette expression métaphorique s'applique à toutes sortes de domaines. Ainsi, à propos

6. J.-P. Babelon et A. Chastel, *La Notion de patrimoine*, Liana Levi, 1994, p. 50.

du génome humain, la loi de bioéthique du 29 juillet 1994, *relative au respect du corps humain*, stipule que « la connaissance de la structure totale ou partielle d'un gène humain ne peut, en tant que telle, faire l'objet de brevets » en liaison avec l'affirmationselon laquelle « le corps humain étant inv iolable, ses éléments et ses produits ne peuvent faire l'objet d'un droit patrimonial ». C'est le droit patrimonial *privé* qui est de cette façon récusé, au profit d'un droit supérieur collectif: le génome humain est implicitement considéré comme relevant du patrimoine de l'espèce, inviolable au même titre que le corps humain. Dans un tout autre domaine, celui des cultures, ne parle-t-on pas, de manière analogue, de leur préservation en tant qu'éléments fondateurs, elles aussi, du patrimoine, cette fois *culturel,* de l'humanité ?

On pourrait multiplier les exemples, à propos de la préservation de la biodiversité ou des ressources en eau, de l'effet de serre, de la lutte contre la pollution de l'atmosphère voire de celle du cosmos, etc. : tous renvoient directement à la définition des biens publics globaux, qui précise que leurs bénéfices *s'étendent à toutes les générations*. Biens et transmission des biens entre générations sont, ici aussi, indissociables.

Le cas exemplaire des langues

À la fois éléments fondateurs de la diversité culturelle humaine et vecteurs privilégiés de cette diversité, les langues constituent des biens publics et patrimoniaux exemplaires. Le langage courant les renvoie pourtant spontanément à la sphère privée plutôt qu'à la sphère publique : ne dit-on pas « *posséder une langue* » dès lors qu'on en maîtrise l'emploi ? Et pourtant en quoi cette soi-disant *possession* en serait-elle une ? Si l'on s'exprime de cette façon, c'est essentiellement parce qu'il s'agit d'un fait culturel d'une telle importance que chacun a tout naturellement le désir de se l'approprier. Mais, en réalité, parler une langue signifie tout simplement en *partager* l'usage avec d'autres, et cet usage n'est en aucune manière exclusif, pas plus qu'il n'en interdit l'accès à tous ceux qui veulent faire l'effort de l'apprendre. Les deux notions clés qui caractérisent les biens publics (la non-exclusivité et l'accessibilité à tous) sont ici réunies sans ambiguïté. Et comme elles ne sont réservées ni à un peuple, ni à une culture, ni à une génération, les langues – toutes les langues – constituent potentiellement, de ce fait, d'authentiques biens publics globaux ; et elles appartiennent par là même au patrimoine culturel de l'humanité.

Cela étant, établir une frontière précise entre locuteurs et non-locuteurs d'une langue est un leurre : définir « la » communauté des francophones n'a littéralement pas de sens. Et pourtant une langue ne saurait exister sans être « portée », à un moment donné, par des groupes de locuteurs qui, s'ils sont assez nombreux et s'ils se sentent suffisamment impliqués, en assurent l'usage, la pérennité et la transmission d'une génération à l'autre.

La contradiction entre ces deux assertions n'est qu'apparente. Une langue – comme tout fait de culture – est un concept abstrait, immatériel ; ses locuteurs sont, eux, des personnes physiques, dont les appartenances culturelles sont le plus souvent multiples, mais que rapproche singulièrement l'usage de ladite langue. Le fait de culture – en l'occurrence une langue – et ses porteurs physiques – ses locuteurs – sont à la fois intrinsèquement distincts et fondamentalement complémentaires, dissociables et indissociables.

Faits de culture et communautés « porteuses »

Il est ainsi possible d'introduire, plus généralement, une distinction, essentielle, entre *un fait de culture* (une entité abstraite, immatérielle) et *la communauté de ses « porteurs »*, ou, plus précisément, *les* multiples communautés humaines (par nature temporaires et évolutives) que l'on peut considérer, à un moment donné et à des titres divers, comme ses porteurs.

Les seules appartenances qui échappent à cette dualité constitutive entre faits culturels et porteurs de ces faits sont celles qui sont d'ordre administratif ou politique : sont Français ou Allemands les individus reconnus comme tels par les règles qui gèrent l'attribution de ces nationalités. Mais qui est juif ? Ceux seuls dont la mère est juive ? Qui est chrétien ? Ceux qui ont été baptisés dans cette religion, même s'ils s'en sont totalement détachés ? Qui est musulman ? Ceux qui observent intégralement toutes les prescriptions du Coran ? Qui est corse ? Ceux qui sont nés dans l'île ? On pourrait allonger la liste : aucune communauté autre que formalisée par des règles administratives ou politiques n'est « pure », strictement assimilable, à un moment donné, à un ensemble parfaitement défini d'individus.

Mais pour les mêmes raisons que pour les langues, tout fait de culture – la catholicité, la judéité, l'islamité, la corsitude, etc. – peut être considéré comme bien public global appartenant au patrimoine culturel de l'humanité : chaque être humain vivant ou à venir peut y avoir accès et, partiellement au moins, « se l'approprier » au sens où l'on s'approprie une langue. Personne n'a d'étiquette prédéterminée par le sang ou par l'histoire mais personne ne devrait avoir d'interdit sur les relations qu'il souhaite établir avec les cultures de son choix. N'allons pas pour autant jusqu'au paradoxe : la filiation crée des liens naturels avec la ou les cultures parentales. Cette relation ne saurait toutefois être absolue : son existence n'est pas source d'enfermement, son absence n'est pas nécessairement source d'exclusion.

Si l'on reconnaissait ainsi que les faits de culture relèvent, en tant que tels, de la *sphère publique mondiale,* et si on les distinguait explicitement des communautés humaines qui en sont, à un moment donné, porteuses, on éviterait toute possibilité *théorique* de dérive communautariste : ces faits deviendraient en effet formellement la propriété de tous. Et l'on aurait – enfin ! – une base solide pour distinguer ce qui est support légitime d'une culture – la mobilisation à son service de ceux qui se sentent concernés par elle – de ce qui pourrait le cas échéant devenir, de la part d'une communauté humaine spécifique, agression inacceptable vis-à-vis de la société au sein de laquelle elle vit, si elle tentait d'imposer arbitrairement ce qu'elle considère comme sa propre loi aux autres.

Une responsabilité universelle

Admettre la distinction établie ci-dessus entraîne ainsi plusieurs conséquences essentielles en matière de libertés mais aussi de responsabilités individuelles et collectives.

L'*appartenance* à une culture, au lieu d'être la seule résultante d'une filiation ou d'une histoire, devient *en toute légitimité* celle d'un choix personnel. Et de même qu'un individu donné peut parler plusieurs langues, rien ne s'oppose à ce qu'il puisse se sentir pleinement solidaire de plusieurs cultures, à ce qu'il se considère sans restriction comme « multi-appartenant ». Mais cet individu peut aussi, sans se culpabiliser, décider de s'abstraire complètement de toute quête de cette nature : la ou les cultures auxquelles il pourrait décider de se rattacher ont leurs vies propres, qui ne dépendent que de façon mineure des décisions personnelles de chacun de leurs membres potentiels.

Cet allègement de la responsabilité de chacun vis-à-vis de *sa* ou de *ses* cultures propres n'est pas sans contrepartie. De même que nous sommes tous – toute l'humanité – solidairement responsables de la préservation de la biodiversité ou de tout autre élément patrimonial de l'espèce humaine, nous le sommes également, et pour les mêmes raisons, de celle de la diversité culturelle. *Je* suis personnellement responsable de la protection de *toutes* les cultures et des conditions permettant leur transmission d'une génération aux suivantes, et cela même si les communautés qui sont « porteuses » de chacune d'elles peuvent légitimement se sentir plus directement impliquées à son égard.

Respect mutuel des cultures et responsabilisation collective aux fins de les protéger ne sont pas synonymes d'immobilisme. L'interpénétration progressive des peuples s'accompagne d'une adaptation des cultures qu'ils véhiculent. L'*intégration* de diasporas dans un pays hôte modifie insensiblement la nature de leurs pratiques, sans pour autant les faire disparaître par un processus d'*assimilation*. Mais inversement, leur présence introduit elle-même des inflexions dans les habitudes culturelles desdits pays. New York dans son ensemble ne parle ni l'italien ni le yiddish mais ces deux langues imprègnent fortement le parler new-yorkais. Et le couscous est, paraît-il, devenu le deuxième plat national français. Au-delà des traits anecdotiques de cette nature (mais on aurait tort de minimiser leur importance, ils interviennent dans la vie quotidienne), les faits de culture ne constituent en aucune manière une matière intangible, ils sont dotés d'une certaine plasticité. Il ne saurait toutefois être question de brusquer artificiellement une évolution qui ne peut résulter que d'une lente décantation. Les peuples et leurs cultures peuvent *s'apprivoiser* les uns les autres, mais, comme le renard du *Petit Prince* nous l'a si bien enseigné, ce travail de rapprochement et d'enrichissement mutuel implique volonté, durée et constance dans l'effort. Un effort de reconnaissance de l'égale dignité de toutes les cultures, autrement dit laïque.

AUGUST 2005, PARIS

Remerciements

De nombreuses discussions avec les membres du conseil d'administration du Cercle Gaston-Crémieux (cercle juif laïque et diasporique, créé en 1967; www.cercle-gaston-cremieux.org) – et tout particulièrement avec son fondateur et aujourd'hui président d'honneur, Richard Marienstras, sa vice-présidente Élise Marienstras et son secrétaire général Jacques Burko – m'ont beaucoup aidé à clarifier et à préciser les idées exposées dans ce livre. Qu'ils trouvent chacun ici l'expression de ma vive reconnaissance.
Merci à Dominique Lazar de sa lecture attentive du texte originel et de ses précieux conseils qui m'ont permis d'en redresser ou d'en affiner nombre des formulations premières.
Je voudrais égale ment adresser un très grand merci à Antoinette Weil qui m'a gentiment proposé d'utiliser ses talents de correctrice pour relire le manuscrit, tâche dont elle s'est acquittée avec son exceptionnelle compétence.
Je tiens enfin à dire que j'ai été particulièrement sensible à la confiance que m'a témoignée Liana Levi en acceptant de publier cet essai sur un sujet controversé et passionnel, souvent objet de déchirements, mais qui doit encore faire l'objet de débats argumentés et qui peut être demain à la base d'un renouveau du pacte républicain.

Au catalogue

Essais et documents

Aline Baldinger Achour, *Petit Guide des grandes religions*
Noël Balen, *L'Odyssée du jazz* (nouvelle édition 2003)
Yehuda Bauer, *Juifs à vendre ?*
Piero Bevilacqua, *Venise et l'eau*
Anna Cataldi, *Lettres de Sarajevo*
Françoise Coutou, *Affronter l'école*
Marek Edelman & Hanna Krall, *Mémoires du ghetto de Varsovie*
Rachel Ertel, *Brasier de mots*
Marc Ferro, *Revivre l'histoire*
Jean-Jacques Fouché, *Oradour*
George M. Fredrickson, *Racisme, une histoire*
Weddig Fricke, *Chronique du procès de Jésus*
Bruno Halioua, *Blouses blanches, étoiles jaunes*
Bruno Halioua, *La Médecine au temps des pharaons*
Vladimir Jankélévitch, *Une vie en toutes lettres*
Marie Kahle, *Tous les Allemands n'ont pas un cœur de pierre*
Franco La Cecla, *Ce qui fait un homme*
Aleramo Lanapoppi, *Un certain Da Ponte*
Michel Laffitte, *Un engrenage fatal. L'UGIF face aux réalités de la Shoah, 1941-1944*
Jacques Le Goff & Nicolas Truong, *Une histoire du corps au Moyen Âge*
Michael Phayer, *L'Église et les nazis*
Calel Perechodnik, *Suis-je un meurtrier ?*
C. Queralt & D. Vidal, *Promenades historiques dans Paris*
Macha Rolnikaite, *Le Journal de Macha. De Vilnius à Stutthof (1941-1945)*
E. Romero Castelló & U. Macías Kapón, *Les Juifs d'Europe*
Cecil Roth, *Doña Gracia Nasi*
Cecil Roth, *Histoire des Marranes*

Vivette Samuel, *Sauver les enfants*
Tom Segev, *Le Septième Million*
Tom Segev, *C'était en Palestine au temps des coquelicots*
Nadine Vasseur, *Il était une fois le Sentier*
Les Juifs d'Espagne : histoire d'une diaspora 1492-1992, Henry Méchoulan (dir.)
Mille Ans de cultures ashkénazes, J. Baumgarten, R. Ertel, I. Niborski, A. Wieviorka (dir.)
Les Juifs de France de la Révolution française à nos jours, Jean-Jacques Becker, Annette Wieviorka (dir.)

Collection « Curriculum »

Jean-Jacques Becker, *Clemenceau*
Michel Chauveau, *Cléopâtre*
Francis Fèvre, *Alexandre le Grand*
Jean Lacouture, *Greta Garbo*
Laurent Lemire, *Cohn-Bendit*
Patricia Rigault, *Toutankhamon*
Jean-Pierre Rioux, *De Gaulle*

Collection « Opinion »

Claire Brisset, *Un monde qui dévore ses enfants*
Cercle Gaston-Crémieux, *Temps juif, lecture laïque*
Fabio Gambaro, *L'Italie par ses écrivains*
Christian Gerlach, *Sur la conférence de Wannsee*
Vladimir Jankélévitch, *Penser la mort ?*
Théo Klein, *Le Manifeste d'un Juif libre*
Philippe Lazar, *L'Éthique biomédicale en question*
Leonardo Sciascia, *De la Sicile et de la vie en général*
Tiziano Terzani, *Lettres contre la guerre*
Michel Wieviorka, *Face au terrorisme*
Abraham B. Yehoshua, *Pour une normalité juive*

Collection « Opinion-Art »

Daniel Arasse, *Les Visions de Raphaël*
Jean-Pierre Babelon & André Chastel, *La Notion de patrimoine*
André Chastel, *Le Geste dans l'art*
André Chastel, *Léonard ou les sciences de la peinture*

CET OUVRAGE A ÉTÉ ACHEVÉ D'IMPRIMER
PAR L'IMPRIMERIE FLOCH À MAYENNE
EN NOVEMBRE 2003

N° d'édition : 285. N° d'impression : 58605
Dépôt légal : novembre 2003
(Imprimé en France)